Paroles de l'ombre

COLLECTION DIRIGÉE PAR JEAN-PIERRE GUÉNO

Paroles de Poilus, Librio n° 245
Paroles de détenus, Librio n° 409
Mémoire de maîtres, paroles d'élèves, Librio n° 492
Paroles d'étoiles, Librio n° 549
Premières fois, Librio n° 612
Paroles du jour J, Librio n° 634
Mon papa en guerre, 1914 - 1918 — Lettres de Poilus, mots d'enfants, Librio n° 654
Cher pays de mon enfance, Librio n° 726
Paroles d'amour, Librio n° 788
Paroles de femmes, La liberté du regard, Librio n° 848
Paroles d'enfance, Librio n° 886

Jean-Pierre Guéno

Paroles de l'ombre

Lettres, carnets et récits des Français sous l'Occupation 1939 - 1945

Librio

Inédit

À ce « peuple de la nuit » qui nous a rendu la liberté,
et dont André Malraux parlait si bien.

À toutes les cendres de ceux qui se sont sacrifiés ou qui l'ont été, afin que leurs âmes reposent en paix « avec leur long cortège d'ombres défigurées ».

Aujourd'hui, jeunesse, puisses-tu penser à cet homme comme tu aurais approché tes mains de sa pauvre face informe du dernier jour, de ses lèvres qui n'avaient pas parlé ;
ce jour-là, elle était le visage de la France...

André Malraux à propos de Jean Moulin, 19 décembre 1964

Introduction

Entre 1940 et 1944, la France a été plongée dans les ténèbres, dans cette nuit qui a d'abord envahi sa zone dite occupée, puis sa zone dite libre, et qu'Antoine de Saint-Exupéry décrivait ainsi dans sa « Lettre ouverte aux Français » : « *La France n'est plus que silence. Elle est perdue quelque part dans la nuit, tous feux éteints, comme un navire. Sa conscience et sa vie spirituelle se sont ramassées dans son épaisseur.* »

Cette ombre et cette nuit furent à la fois terribles et lumineuses. Les ténèbres s'épaissirent autour des crimes, des persécutions, des cachots et des camps du nazisme et de la collaboration. L'ombre des délations, des trahisons et des déportations. L'ombre du rationnement, de la faim, du froid, des files d'attente, des couvre-feux et du marché noir. L'ombre des rafles. L'ombre des coups, l'ombre des cris, l'ombre de la torture et des exécutions. L'ombre des règlements de comptes à la Libération.

Les ténèbres protégèrent aussi les résistants, justement nommés « les combattants de l'ombre ». L'ombre des secrets, l'ombre du silence, l'ombre de l'exil, l'ombre des parachutages et de la clandestinité. L'ombre des sacrifiés. L'ombre discrète des Justes devant les Nations. L'ombre des disparus sans tombes, celle de Marianne Cohn, celle de Jean Zay, celle de Jean Moulin, celle d'Antoine de

Saint-Exupéry, celle de Violette Szabo, et celles de tant d'autres...

Paroles de l'ombre évoque des faits et des témoignages qui n'oublient pas les grandes figures de l'histoire mais qui sont essentiellement liés à ces obscurs, à ces figurants de l'histoire qu'étaient nos parents, nos grands-parents et nos arrière-grands-parents, et qui sont restés trop longtemps en retrait de nos livres scolaires tant il est vrai que nous résumons trop souvent notre histoire à celle des têtes d'affiche, et que nous n'avons pas toujours achevé de purger les recoins de notre mémoire lorsqu'il s'agit d'évoquer une période d'ombre où les passions étaient parfois très intimement mélangées... Pendant longtemps, nous n'avons pas appris dans nos livres d'école les chiffres précis de l'invasion de la Pologne en 1939, au cours de laquelle cent dix divisions franco-anglaises auraient pu balayer définitivement vingt-trois divisions nazies, et avec elles une armée allemande qui n'avait pas encore atteint sa force ultérieure. Pendant longtemps, nous n'avons pas appris dans nos livres d'école que les Français ont créé progressivement plus d'une centaine de camps de rétention entre 1939 et 1943, dans lesquels ils entassèrent des réfugiés espagnols, avant d'y entasser plus tard des opposants à Hitler puis des juifs ou des « étrangers », en partance pour « la nuit et le brouillard ». Pendant longtemps, nous n'avons pas appris dans nos livres d'école à quel point les lois antijuives du gouvernement de Vichy avaient innové et anticipé sur les lois nazies qu'elles ont parfois précédées. Pendant longtemps, nous n'avons pas appris dans nos livres d'école à quel point les femmes résistantes ont été héroïques dans une guerre où leur rôle ne se limita pas, comme on l'a trop souvent fait croire, à des fonctions d'intendance.

Paroles de l'ombre est un hommage aux Français de l'ombre, un hommage aux « justes », à ceux qui ont osé tout risquer, tout sacrifier pour que nous, leurs enfants, petits-enfants et arrière-petits-enfants, éprouvions la douceur de la liberté. *Paroles de l'ombre* est un hommage indirect à tous ceux qui sont restés prisonniers de l'ombre pendant quarante-quatre ans, après la mort de Hitler et la victoire de 1945 et jusqu'à la seconde mort de Staline avec la chute symbolique du mur de Berlin en 1989.

Jean-Pierre GUÉNO

1

Les racines de l'ombre 1919 - 1939

Les enfants du XXIe siècle se demandent aujourd'hui pourquoi leurs grands-parents et leurs arrière-grands-parents n'avaient pas été plus vigilants face à la montée du nazisme.

Ils avaient quelques circonstances atténuantes…

Il y avait eu les polytraumatisés de la Grande Guerre. Plus de six millions d'hommes rentrés pour la plupart blessés physiquement et tous blessés moralement, en laissant plus de 1,8 million de leurs compagnons dans la boue des champs de batailles ou des tranchées, plus d'un million d'invalides, plus de six cent mille veuves de guerre et près d'un million d'orphelins dans la détresse.

Il y avait eu les conséquences de la grippe espagnole : plus de quatre cent mille morts en 1918 et en 1919…

Il y avait eu les souffrances de la grande crise des années 1930 : un million de chômeurs dont les deux tiers n'avaient reçu aucune aide, la multiplication des soupes populaires, et des grandes grèves.

Lorsqu'ils s'écrivaient, les amoureux de la fin des années 1930 exprimaient des envies de paix. Ils avaient parfois plus envie de goûter à la douceur des étés des congés payés que de se mettre à l'écoute des bruits de guerre.

Il est donc possible de comprendre que la France et l'Angleterre aient choisi l'apaisement plutôt que la fermeté. Que l'on n'ait pas entravé la marche d'Adolf Hitler lorsqu'il gesticulait de l'autre côté des Vosges, lorsqu'il aboyait, lorsqu'il apostrophait le monde. Dans son pays, ses partisans pensaient qu'il allait rendre sa dignité à l'Allemagne humiliée au lendemain du traité de Versailles, avec des réparations financières dont les dernières échéances étaient prévues en 1980... En France, lorsqu'il apparaissait dans les actualités Pathé des salles de cinéma, les pantomimes saccadées de ses discours faisaient souvent éclater de rire les spectateurs qui ne le prenaient pas au sérieux...

*
* *

La « der des ders »

En 1918, comme beaucoup d'autres Poilus de la Grande Guerre, Louis Barthas a beaucoup de mal à envisager la perspective d'une autre guerre.

Souvent je pense à mes très nombreux camarades tombés à mes côtés. J'ai entendu leurs imprécations contre la guerre et ses auteurs, la révolte de tout leur être contre leur funeste sort, contre leur assassinat. Et moi, survivant, je crois être inspiré par leur volonté en luttant sans trêve ni merci jusqu'à mon dernier souffle pour l'idée de paix et de fraternité humaine.

Louis BARTHAS

Les carnets de guerre de Louis Barthas, tonnelier : 1914-1918

Le génocide annoncé

Adolf Hitler parle très tôt… Bien avant Mein Kampf, *publié en 1925. En 1922, le journaliste Josef Hell, ancien Poilu de 1914, demande à Hitler : « Que ferez-vous des juifs quand vous aurez les pleins pouvoirs ? »*

Lorsque je serai réellement au pouvoir, ma toute première tâche consistera à annihiler les juifs. Dès que j'aurai la possibilité de le faire, je ferai construire – à la Marienplatz de Munich par exemple – autant de rangées de potences que la circulation le permettra. Puis les juifs seront pendus sans discrimination et ils resteront pendus jusqu'à ce qu'ils puent. Ils resteront pendus tant que les principes d'hygiène le permettront. Dès qu'on les aura détachés, ce sera au tour de la prochaine fournée, et ainsi de suite jusqu'à ce que le dernier juif de Munich ait été exterminé. On agira séparément de même dans d'autres villes jusqu'à ce que l'Allemagne ait été complètement nettoyée des juifs.

Adolf HITLER

L'Antéchrist est là

À partir de 1930, l'écrivain André Suarès ne cesse de multiplier des articles pamphlétaires contre Hitler, Mussolini et Staline. Mais il a le plus grand mal à être publié : à gauche comme à droite, dans la presse comme dans l'édition, il n'est pas de bon ton de nuire aux relations économiques qui unissent la France à des dictatures qui ont besoin pour bâtir leur empire de guerre des capitaux du monde entier… Les pamphlets de Suarès seront réunis dans un recueil intitulé « Vues sur l'Europe » dont la parution sera annulée par Grasset en 1936 et décalée à… 1939 ! Pourchassé par la Milice et par la Gestapo, Suarès passera cinq années caché dans la Creuse, puis dans le midi de la France et enfin près de Lyon.

L'Antéchrist est là, et toutes les marques de la bête sont visibles : il ment comme il respire : à la croix sans gibets, qui ouvre l'amour et la paix et l'oubli de soi aux quatre horizons, il oppose sa croix aux quatre potences de crime, de guerre, de haine et d'orgueil.

Hitler, Goering, Goebbels et les autres formes de la Bête sont prédites ; leur peuple idolâtre est prédit ; les Alliés sont prédits, les myriades d'Asie, le Japon et les Jaunes. Ils sont prêts, tous ensemble, à lâcher sur le genre humain toutes les misères et toutes les pestes dont ils ont fait l'essai en 1914 : le fer qui tombe du ciel ; l'asphyxie, les gaz, les poisons, les plaies d'Égypte, le massacre des femmes, des vieillards, des malades et des enfants à la mamelle.

André SUARÈS
Vues sur l'Europe 1930-1935

Un monde fermé

La crise économique mondiale frappe l'Allemagne dès 1929. Quand la philosophe Simone Weil y réside en 1932, un actif sur trois y est au chômage.

La crise a brisé tout ce qui empêche chaque homme de se poser complètement le problème de sa propre destinée, à savoir les habitudes, les traditions, les cadres sociaux stables, la sécurité ; la crise a fermé toute perspective d'avenir pour chaque homme considéré isolément. En ce moment, cinq millions et demi d'hommes vivent et font vivre leurs enfants grâce aux secours précaires de l'État et de la commune ; plus de deux millions sont à la charge de leur famille, ou mendient, ou volent ; des vieillards en faux col et chapeau melon, qui ont exercé toute leur vie une profession libérale, mendient aux portes des métros et chantent misérablement dans les rues. Mais le tragique de la situation réside moins dans cette misère elle-même que dans le fait qu'aucun homme, si énergique soit-il, ne peut former le moindre espoir d'y échapper par lui-même. Les jeunes surtout, qu'ils appartiennent à la classe ouvrière ou à la petite bourgeoisie – eux pour qui la crise constitue l'état de choses normal, le seul qu'ils aient connu –, ne peuvent même pas former une pensée d'avenir quelconque se rapportant à chacun d'eux personnellement. Ils ne peuvent pas, la politique mise à part, former même des projets d'action ; ils sont ou peuvent être, d'un moment à l'autre, réduits à l'oisiveté, ou plutôt à l'agitation harassante et dégradante qui consiste à courir d'une administration à l'autre pour obtenir des secours. Nul n'espère pouvoir, grâce à sa valeur professionnelle, garder ou trouver une place. Cherchent-ils une consolation dans la vie de famille ? Tous les rapports de famille sont aigris par la dépendance absolue dans laquelle se trouve le chômeur par rapport au membre de sa famille qui travaille. Les chômeurs qui ont dans leur famille quelqu'un qui travaille, et les jeunes de moins de vingt ans sans exception, ne touchent aucun secours. Cette dépendance, dont l'amertume est encore accrue par les reproches des parents affolés par la misère, chasse souvent les jeunes chômeurs de la maison paternelle, les pousse au vagabondage et à la mendicité. Quant à fonder soi-même une famille, à se marier, à avoir des enfants, les jeunes Allemands ne peuvent en général même pas en avoir la pensée. La pensée des années à venir n'est remplie pour eux d'aucun contenu.

Simone Weil
Écrits historiques et politiques. L'Allemagne en attente
(Impressions d'août et septembre 1932)

Dachau

M. Himmler nous apprend qu'on installe près de Dachau un camp de concentration pour 5 000 personnes. Il est destiné aux marxistes, communistes, membres de la Bannière d'empire, etc. qui menacent la sécurité de l'État.

Le Temps, 22 mars 1933

Le grand pacifiste

Juriste, collaborateur de Goebbels, Frédéric Grimm, l'avocat du Reich dans tous les grands procès politiques des années 1930 à l'étranger, est l'un des agents de propagande les mieux introduits dans la classe dirigeante française. En 1938, il publie chez Plon Hitler et la France, *un ouvrage de pure propagande composé de paroles d'Hitler, récoltées entre 1933 et 1938, et destinées à convaincre les Français de son pacifisme…*

On m'insulte en continuant de répéter que je veux faire la guerre. Serais-je fou ? La guerre ?

Mais elle ne réglerait rien. Elle ne ferait qu'empirer l'état du monde. Elle marquerait la fin de nos races qui sont des élites et, dans la suite des âges, on verrait l'Asie installée dans notre continent et le bolchevisme triomphant. Comment souhaiterais-je une guerre nouvelle alors que les suites de la dernière pèsent sur nous et se feront sentir encore pendant trente ou quarante ans ? Je ne pense pas pour l'immédiat. Je pense dans l'avenir. J'ai devant moi un long travail intérieur. J'ai rendu au peuple la notion de son honneur : je veux lui redonner la joie de vivre. Nous combattons la misère.

Déjà, nous avons fait reculer le chômage. Mais je veux faire mieux et il me faudra des années pour parvenir au bien-être. Et vous pensez que je vais compromettre mon travail par une nouvelle guerre ? Allons donc !

Interview donnée à Fernand de Brinon pour *Le Matin*
16 novembre 1933
et reprise dans *Hitler et la France*, Plon, 1938

Un vomissement de sept cents pages

Mein Kampf : un vomissement de sept cents pages, vingt-neuf mille lignes de haine, d'injures et de bave, un monument d'imposture et de bestialité [...]. Dans ce livre, il y a tous les crimes de Hitler commis cette année et tous ceux qu'il pourra commettre encore [...]. Il déclare qu'il a besoin de dix ans pour rendre le peuple allemand capable de faire la guerre et d'exterminer la France [...]. Que faut-il de plus que ce livre ? Il confesse les intentions. Tout y est [...]. Il serait bon que tous les Français le connaissent et on les empêche de le lire. Dix millions d'Allemands ont appris à y penser, et le savent par cœur.

André SUARÈS
La Nouvelle Revue française, 1934

La paix à tout prix

Jean Giono, grand traumatisé de Verdun, et qui ne peut pas admettre que la « der des ders » ait une suite, se fourvoie à la fin des années 1930 dans un pacifisme paradoxal, à la fois lucide et aveugle.

Les communistes sont des fascistes. Je suis antifasciste de quelque côté qu'ils soient. Antifascistes, ne vous laissez pas embrigader par les nouveaux fascistes d'extrême gauche. Ni Hitler, ni Mussolini, ni Staline.

Jean GIONO
Journal, 26 novembre 1936
© Gallimard, 1995

Que peut-il arriver de pire si l'Allemagne envahit la France ? Devenir Allemands ? Pour ma part, j'aime mieux être Allemand vivant que Français mort.

Jean GIONO
Lettre aux paysans sur la pauvreté et la paix
© Gallimard, 1938

Si je vais voir Hitler, je veux y aller ouvertement, sans cachotteries, et après l'avoir fait annoncer par tous les journaux pacifistes. Je veux y aller sur cette raison : MISE AU POINT D'UN DÉSARMEMENT UNIVERSEL ET TOTAL.

Jean GIONO à Yves Farge, 24 novembre 1938

La haine du métissage

La postérité oublie parfois les écrits xénophobes de Jean Giraudoux, nommé commissaire général à l'Information par Daladier en juillet 1939.

Sont entrés chez nous, par une infiltration dont j'ai essayé en vain de trouver le secret, des centaines de mille

Askenasis, échappés des ghettos polonais ou roumains, dont ils rejettent les règles spirituelles, mais non le particularisme, entraînés depuis des siècles à travailler dans les pires conditions, qui éliminent nos compatriotes, tout en détruisant leurs usages professionnels et leurs traditions, de tous les métiers du petit artisanat : confection, chaussure, fourrure, maroquinerie, et, entassés par dizaines dans des chambres, échappent à toute investigation du recensement, du fisc et du travail. Tous ces émigrés, habitués à vivre en marge de l'État et à en éluder les lois, habitués à esquiver toutes les charges de la tyrannie, n'ont aucune peine à esquiver celles de la liberté ; ils apportent là où ils passent l'à-peu-près, l'action clandestine, la concussion, la corruption, et sont des menaces constantes à l'esprit de précision, de bonne foi, de perfection qui était celui de l'artisanat français. Horde qui s'arrange pour être déchue de ses droits nationaux et braver ainsi toutes les expulsions, et que sa constitution physique, précaire et anormale, amène par milliers dans nos hôpitaux qu'elle encombre.

Notre État a favorisé l'irruption et l'installation en France de races primitives ou imperméables, dont les civilisations, par leur médiocrité ou leur caractère exclusif, ne peuvent donner que des amalgames lamentables et rabaisser le standard de vie et la valeur technique de la classe ouvrière française. L'Arabe pullule à Grenelle et à Pantin.

Nous sommes pleinement d'accord avec Hitler pour proclamer qu'une politique n'atteint sa forme supérieure que si elle est raciale, car c'était aussi la pensée de Colbert et de Richelieu.

Jean GIRAUDOUX

Pleins pouvoirs

2

L'effondrement Septembre 1939 - juin 1940

Le 3 septembre 1939, le Royaume-Uni et la France sortent de leur politique d'apaisement et déclarent la guerre à l'Allemagne, afin de défendre la Pologne envahie. Mais jusqu'au 10 mai 1940, l'armée française reste en position défensive, inactive derrière la ligne Maginot dont le tracé s'interrompt aux frontières luxembourgeoise et belge. Cette stratégie désastreuse, critiquée par le colonel de Gaulle et par le général Georges, est défendue par le maréchal Pétain. L'expression « drôle de guerre » aurait été forgée par l'écrivain Roland Dorgelès, à partir d'un contresens phonétique de l'anglais phoney war *ou « guerre bidon » devenu* funny war.

*
* *

La Pologne assassinée

Si nous ne nous sommes pas effondrés en 1939, cela est dû au fait que, pendant la campagne de Pologne, les quelque 110 divisions françaises et britanniques à l'ouest ont été maintenues dans une inaction complète en face de 23 divisions allemandes.

Général Alfred Jodl
Chef d'état-major des opérations de guerre

Le succès contre la Pologne n'a été rendu possible qu'en dégarnissant presque complètement notre frontière ouest. Si les Français avaient saisi la chance offerte par l'engagement de presque toutes nos forces en Pologne, ils auraient pu traverser le Rhin sans que nous soyons capables de les en empêcher et auraient menacé la Ruhr, d'une importance décisive pour notre conduite de la guerre.

Général Franz Halder
Chef d'état-major de l'armée allemande

Nous autres, soldats, attendions toujours une attaque française pendant la campagne de Pologne et nous fûmes très surpris que rien ne se produisît... Une attaque française n'aurait rencontré qu'un écran dans le dispositif allemand, non une véritable résistance.

Maréchal Wilhelm Keitel

Drôle de guerre

Albert Pognan a 24 ans en 1939. La mobilisation transforme ce jeune Dieppois désœuvré, fils de long cours et violoniste à ses heures, en soldat télégraphiste.

La frontière est délimitée par un petit ravin dans lequel passe une voie ferrée. Le groupe auquel j'appartiens – qui se compose de 11 hommes : un sergent, un caporal et neuf soldats – est affecté dans une maison qui appartenait à un garde mobile en temps de paix. Il s'agit d'une maison en béton armé ; les portes intérieures et extérieures sont blindées et sont munies d'œilletons et de meurtrières permettant de lancer des grenades en cas de nécessité. Nous avons vue sur l'Allemagne. Nous observons les soldats allemands jouer au football à quelques centaines de mètres de nous. Tout est très calme. Un jour, notre capitaine vient nous rendre visite. Il nous passe un savon car nous faisons du feu. Il a vu sortir de la fumée depuis la cheminée de la maison. Il nous explique alors comment se chauffer en temps de guerre : à savoir mettre les boulets de charbon dans le brasier un par un en attendant à chaque fois que le boulet soit rouge avant d'en mettre un autre. Cela empêche le dégagement de fumée et cela évite donc de se faire repérer par l'ennemi en signalant que la maison est habitée. Nous surveillons les parages vingt-quatre heures sur vingt-quatre. Le soir, nous nous barricadons. Le matin, nous faisons une sortie, dans un périmètre d'une centaine de mètres autour de la maison. Tout est calme. Un matin, nous repérons des traces de pas dans la neige. Un groupe franc allemand était venu rôder autour de la maison à l'insu des veilleurs. À partir de ce jour, nos sorties du matin se font sur le qui-vive. À Noël, notre ordinaire est amélioré. Nous festoyons gentiment : le soldat de garde sur la frontière abandonne son poste et vient nous rejoindre pour boire un verre. Tout à coup, nous entendons des coups violents dans la porte. « Ouvrez ! Ouvrez ! » Nous regardons par l'œilleton et apercevons notre capitaine. Aussitôt, nous faisons sortir le soldat de garde. Le capitaine nous interroge pour savoir si nous n'avons pas vu un Allemand qui se dirigeait vers nous. Nous répondons par la négative. Nous apprenons par la suite qu'il s'agit d'un soldat français parti chasser en Allemagne sans prévenir personne. À Morsbach, il y avait un guetteur dans le clocher de l'église. Et quand le chasseur est revenu, le guetteur a donné l'alerte. Aussitôt, nous sommes tous sortis avec les mitrailleuses... Cette fausse alerte a en partie gâché notre jour de Noël.

Albert POGNAN

L'aveugle et le voyant

Dans le programme des fabrications, qui doit être poursuivi dès maintenant au maximum de nos possibilités, ce sont les engins et travaux susceptibles de renforcer notre capacité défensive qui doivent être réalisés avant tout.

Les cours d'eau constituent, après destruction de leurs points de passage, un des obstacles les plus importants qui puissent s'opposer à la progression d'une grande unité, ou au contraire, renforcer la valeur de sa défensive.

Général Joseph GEORGES
Chef des opérations du front nord-est
Hiver 1939-1940

Si l'ennemi n'a pas su constituer déjà une force mécanique suffisante pour briser nos lignes de défense, tout commande de penser qu'il y travaille... Le défenseur qui s'en tiendrait à la résistance sur place des éléments anciens serait voué au désastre. Pour briser la force mécanique, seule la force mécanique possède une efficacité certaine. La contre-attaque massive d'escadres aériennes et terrestres, voilà donc l'indispensable recours de la défensive moderne. Dans le conflit présent, comme dans ceux qui l'ont précédé, être inerte, c'est être battu.

Mémorandum adressé au Parlement
par Charles DE GAULLE
janvier 1940

L'amour et pas la guerre

Rémy Hétreau a 26 ans. Ancien élève de l'école Boulle, il est décorateur aux Galeries Lafayette et vit avec une étudiante, Jeannine Jager, peintre comme lui. Pendant la drôle de guerre, Rémy est sapeur du génie, cantonné dans les Flandres à Crawick. Il travaille au service des cartes de sa compagnie, comme dessinateur. Il écrit trois fois par jour à Jeannine des lettres enflammées et illustrées.

1er janvier 1940

Mon cher amour

Le poêle ronfle. Je suis installé devant la petite suite d'enveloppes, d'encre, de boîtes pleines de crayons et de plusieurs bouteilles de colle, d'encres… le tout posé sur des journaux couverts de crayonnages bleus, rouges, et de taches noires. Les voitures ronflent dehors. Si je sors ce sera la plaine où le reste de neige gèle encore, et la grosse orange se levant au ras de l'horizon. La neige a changé ce pays et m'a réellement enchanté. Mais là, j'ai le cœur triste. À quoi bon aimer tant ce grand ciel, ces arbres, pourquoi ces tristes épreuves, cette preuve énorme et inutile que sont les guerres ?

On nous sépare, pour la même idée apprise à l'école que dans les livres, sur les monuments, idée qu'on a défendue qui nous tient bien encore un peu si l'on veut. Mais le jour où l'on nous sépare quand on était deux... le jour où l'on nous sépare, on sent que la chair est plus forte que l'idée, il en sera de même de chaque essai contre la nature. Pour nous. Il s'est trouvé pourtant beaucoup de grandes voix pour le clamer, beaucoup d'oreilles pour l'entendre. Et cela ne sert rigoureusement à rien, peut-être à consoler ceux qui sont assez jeunes pour se reconstruire une confiance... Mais il faudrait derrière nous un exemple moins récent. Au moins ma petite aimée, qu'il nous reste encore à nous une vie où nous pourrons nous isoler et grâce ! Qu'il ne me vienne plus des pensées aussi atroces.

Voilà qui a fait resaigner cette plaie où ton amour avait posé son baume. Cette plaie creusée si profonde au départ de cette guerre et qui me faisait chercher chaque soir, en faisant écrire mon cœur, un peu de calme en sentant le mal s'épancher.

Titine nous irons tous deux tirer au diable notre langue. C'est lui qui m'a fait tant de mal cette nuit, c'est lui aussi qui te fait mal en lisant ceci, mais il nous trouve tous deux devant lui et nous réussissons bien tous deux. À bientôt mon aimée

À toi de toute mon âme

Ton Rémy

Derniers combats

Auguste Blondiaux a 18 ans en 1940... Il est boucher à Estaires et devient cuisinier sous l'uniforme...

Vers 10 heures nous faisons connaissance avec le bombardement aérien. 14 tués soldats et civils et une trentaine de blessés. Le lendemain l'ordre nous arrive d'avancer de quelques kilomètres et de prendre position. Chez nous le moral est bon car l'alcool fait son effet et nous avons tous les nerfs excités. À trois heures du matin, un ordre arrive de se replier immédiatement à 10 km de Namur. Nous traversons cette ville presque à plat, les rues sont pleines de cadavres, le spectacle est affreux à voir. Notre déception est grande à tous lorsque nous arrivons aux premières lignes de voir celles-ci complètement abandonnées. Le lendemain au petit jour nous repartons sur Valenciennes et Douai très endommagés et pleins de cadavres et de matériel détruit. Nous perdons encore une dizaine de tués et plus de 40 blessés. Au petit jour c'est le départ en direction de Lille mais les Allemands sont déjà dans les environs. Nous attendons le reste de quelques régiments et d'une dizaine de chars pour essayer à la nuit tombante de rejoindre Lille. Le soir à 10 heures tout est rassemblé, nous sommes environ 5 000, les chars partent en tête suivis d'un régiment de tirailleurs sénégalais. Ils ont à peine couvert deux kilomètres qu'ils doivent faire demi-tour, tellement ils sont mitraillés. Vu notre encerclement complet, les officiers décident d'organiser la défense d'Haubourdin. Nous restons pour le bataillon 58 sur plus de 1100, le reste étant soit tué, blessé, perdu, et d'autres déjà prisonniers. Le soir je vais avec trois camarades creuser des tombes au cimetière qui est juste à côté car sept malheureux ne reverront plus leur famille. La nuit c'est le tour de garde auprès des blessés, nous en avons une quinzaine. Le lendemain toujours le même tam-tam et ces Messieurs ont changé leurs obus. Dans l'après-midi ils nous envoient cinq obus incendiaires. Une demi-heure après tout est en flammes et plusieurs malheureux tués ou grièvement blessés ont été carbonisés. Il y a des tués et blessés dans toutes les rues. Le soir à six heures à la grande stupéfaction une auto allemande fait son apparition avec le drapeau blanc. Ce sont des officiers qui demandent à parler aux autorités françaises et voici leur déclaration : « Si pour ce soir à neuf heures vous ne donnez pas ordre de cesser le feu et nous faire savoir que vous êtes décidés à vous rendre demain à la pointe du jour, la ville sera complètement incendiée par l'aviation. » Les officiers décident de se rendre, vu qu'il y a presque la moitié de la population qui n'est pas évacuée et qu'il reste à peine deux jours de munitions. Alors le lendemain matin à quatre heures, nous avons le réveil pour nous rendre sur la place de la gare où ces Messieurs viennent nous désarmer et nous emmener sur Lille où à notre passage sur la grand-place, une compagnie de soldats allemands nous présente les honneurs de la guerre.

Auguste

L'exode (1)

Je survole donc des routes noires de l'interminable sirop qui n'en finit plus de couler. On évacue, dit-on, les populations. Ce n'est déjà plus vrai. Elles s'évacuent d'elles-mêmes. Il est une contagion démente dans cet exode. Car où vont-ils ces vagabonds ? Ils se mettent en marche vers le Sud, comme s'il était, là-bas, des logements et des aliments, comme s'il était, là-bas, des tendresses pour les accueillir. Mais il n'est, dans le Sud, que des villes pleines à craquer, où l'on couche dans les hangars et dont les provisions s'épuisent. Où les plus généreux se font peu à peu agressifs à cause de l'absurde de cette invasion qui, peu à peu, avec la lenteur d'un fleuve de boue, les engloutit. Une seule province ne peut ni loger ni nourrir la France ! Où vont-ils ? Ils ne savent pas ! Ils marchent vers des escales fantômes, car à peine cette caravane aborde-t-elle une oasis, que déjà il n'est plus d'Oasis. Chaque oasis craque à son tour, et à son tour se déverse dans la caravane. Et si la caravane aborde un vrai village qui fait semblant de vivre encore, elle en épuise, dès le premier soir, toute la substance, elle le nettoie comme les vers nettoient un os. L'ennemi progresse plus vite que l'exode. Des voitures blindées, en certains points doublent le fleuve, qui, alors, s'empâte et reflue. Il est des divisions allemandes qui pataugent dans cette bouillie, et l'on rencontre ce paradoxe qu'en certains points ceux-là même qui tuaient ailleurs, donnent à boire.

Antoine de SAINT-EXUPÉRY
Pilote de guerre

L'exode (2)

Nicole Roux a 6 ans en 1940. Son père est percepteur dans un petit village proche d'Amiens. La débâcle la jette sur les routes avec ses parents, sa sœur de 10 ans et son petit frère âgé de quelques mois : ils ont l'intention de trouver refuge à Rennes chez leur grand-mère.

Nous arrivons sur la grand-route, et nous nous insérons dans la longue file de fuyards. Nous sommes les seuls en voiture ; une automobile dont mon père est fier, achetée quelques mois plus tôt. Devant nous, derrière nous, des charrettes, tirées par des chevaux, avec des vaches accrochées à l'arrière. Les hommes guident et calment les chevaux que cette agitation affole ; des femmes et des adolescents surveillent les vaches. Des gens marchent à côté de vélos trop chargés pour qu'on les enfourche ; d'autres poussent des brouettes pleines aussi. Nous dépassons une petite vieille qui n'emporte que des pots de fleurs dans la sienne. Ceux qui n'ont ni vélo, ni brouette portent des valises et des ballots lourds et encombrants. Sur les charrettes s'entassent des matelas, des objets divers, des cages de lapins et de poules. Au sommet sont assis des enfants et des vieux ; ils ont l'air hébétés et oscillent au rythme de la charrette. Je regarde avec inquiétude cet amoncellement ; il pourrait s'écrouler sur notre capot.

Nous avançons au rythme de cette foule. Trop lentement pour la voiture, qui s'essouffle. Papa est tendu. Nous nous taisons, prudemment. Maman aussi. Le petit frère dort. Et voilà que l'auto s'arrête. Le moteur ne tourne plus. Derrière nous, les gens s'impatientent et protestent. Les piétons peuvent passer, mais nous bloquons les charrettes. Des gens encerclent la voiture, veulent la pousser dans le fossé, et nous avec. Mais deux hommes se précipitent. L'un fait sortir Papa et prend sa place, l'autre empoigne la manivelle. Ils remettent le moteur en marche, et s'en vont. Tout s'est passé très vite. Ni Papa ni Maman n'ont dit mot. Papa reprend le volant, nous repartons. Ces gens qui fuient avec nous commencent à me faire peur. Nous ne roulons pas longtemps. Au loin arrivent des avions qui survolent la file des réfugiés. Ils piquent brusquement. Tout le monde se précipite dans les fossés, s'y aplatit. Il n'y a pas d'autre refuge. Nous, nous restons dans la voiture, recroquevillés devant les sièges, le plus bas possible. Les avions passent. Ils ne mitraillent pas. Les gens se redressent les uns après les autres, remontent sur la route, reprennent les vélos, les brouettes, les valises. Il faut calmer des chevaux qui se sont affolés, et ont entraîné les charrettes sur le bas-côté. Papa tourne la manivelle, le moteur démarre. La file se reforme et se remet en marche.

Nicole

La débâcle de l'armée française

La Blitzkrieg ou « guerre éclair » est déclenchée le 10 mai 1940. Des colonnes de chars et d'avions allemands déferlent à travers les Ardennes. Le front allié s'effondre en six jours. Les Français perdent 120 000 hommes (tués, blessés, prisonniers), les Anglais 68 000. Du 26 mai au 4 juin, 338 226 soldats dont 123 095 Français sont évacués de Dunkerque vers Douvres sous les feux de l'artillerie et de l'aviation allemandes.

Dunkerque

Les tirs de la DCA et les vrombissements d'avions donnent l'impression d'un orage permanent. La terre tremble au point que dans un abri bétonné, un officier a l'impression de rouler et de tanguer autant qu'à bord de son torpilleur. L'eau, soulevée en trombes, est lourde de vie broyée, chargée d'épaves et de cadavres. Dans le ciel flottent – tendres confidences ou bilans – des vols de papiers encore en ignition. La plupart des réservoirs de pétrole sont en feu ; les flammes montent à deux ou trois cents mètres de hauteur ; le vent de noroît rabat la fumée vers l'intérieur, une fumée si dense qu'elle cache le soleil et les avions se battent dans ces nuages puants qui bouchent tout le ciel. Plus rien n'est à sa place, avec sa raison d'être. Il n'est plus rien qui ait assez de masse pour ne pas être secoué comme un roseau par la tempête, assez de résistance pour ne pas être déchiqueté ; assez de poids pour ne pas être projeté à cent mètres en l'air, assez d'incombustibilité pour ne pas flamber, assez de flottabilité pour ne pas être englouti... La terre, l'air, l'eau, le feu ne connaissent plus qu'une loi commune : la destruction, et pour parachever cette tâche, chaque élément se mêle aux autres... Plus rien n'est à sa place, avec sa raison d'être. Des camions sautent à l'eau, des débris de coque volent sur les quais. Plus rien ne reste à sa place, et pourtant chaque marin demeure à son poste non pour la seule fonction que lui fixe sa consigne mais pour toutes celles que lui inspire son cœur. Ni l'intensité du tir, ni l'obsession des sirènes d'avion, ni ce sifflement aigu et léger que font en tombant les bombes incendiaires, ni ces souffles puissants des explosions qui brusquement, venus de droite, venus de gauche, tentent de vous jeter bas, ni les flammes qui viennent à vous, ni l'ardente chaleur des ruines fumantes, rien ne peut empêcher les équipes de marins de circuler parmi les décombres pour leur arracher les victimes.

Maurice GUIERRE
Marine Dunkerque
© Flammarion, 1942

La fin du combat

L'armée française s'est battue et a résisté. En un mois et demi, 92 000 soldats français ou étrangers engagés ont été tués au combat, ainsi que 45 000 soldats allemands, soit un rythme de mortalité largement supérieur à celui de la bataille de Verdun en 1916. Une semaine avant l'appel de Pétain à cesser le combat, les unités isolées refusent ce que l'instituteur du Lot-et-Garonne Robert Duchamp, 23 ans, caporal mobilisé au 96e régiment d'infanterie alpine, nomme dans son journal la « retraite honteuse ». Fait prisonnier dans la région de Saint-Valéry-en-Caux, entre Dieppe et Fécamp, il rejoint dans les stalags 1 850 000 prisonniers français parmi lesquels 1 100 000 ne se sont rendus qu'à partir de la mi-juin.

Le petit hameau a été bombardé et nos mulets sont tués ou blessés. La camionnette d'accompagnement a pris feu. Nos sacs ont brûlé. J'avais dedans mon linge, mon pull, mes lettres. Tans pis, je ne m'en soucie pas. C'est la vie qui est précieuse.

À l'aube, nous traversons un gros village. Horrible spectacle. Toutes les portes des magasins sont ouvertes, les vitrines brisées, les boîtes, les caisses, les emballages jonchent les trottoirs, débordent dans la rue. Pillage par les Allemands ? Non, par les troupes françaises à la recherche de nourriture. Nous-mêmes, n'avons pas mangé depuis hier midi, ressentons les tiraillements de la faim. Misère, il ne reste presque rien sur les étagères. Voyons l'arrière-boutique, la cave de cette épicerie. Pas visitées. La chance nous offre des boîtes de sardines, des biscuits, du fromage. Je remplis ma musette pendant que Roger fait main basse sur une bouteille de Pernod. Je termine par un kilo de sucre et une flasque de rhum, pour le moral des troupes. Les gradés essaient de nous rassembler. Après beaucoup d'efforts, les sections se collent le long des murs de ce qui doit être la grande rue. En route. On ne va pas loin. En sortant du village, on passe un pont qui enjambe un canal. On va profiter de cet obstacle naturel pour arrêter l'ennemi. Notre groupe a pour mission de défendre le pont. Emplacement des pièces à deux cents mètres dans les fossés, de chaque côté de la route. Tir direct, de face. Les autres sections en diagonale, tirs croisés. Si les Fridolins se montrent, ils seront servis. Nous sommes excités et calmes à la fois. C'est presque un soulagement de se préparer au combat. Tout, plutôt que cette retraite honteuse, fuite du lapin devant le chasseur, humiliation du faible devant le plus fort.

Notre chef de section nous rassemble. « Nous ne pouvons plus offrir de résistance à l'ennemi. Nous avons perdu le contact avec les autres unités, nous n'avons plus de munitions, nous ne sommes plus ravitaillés, nous sommes encerclés. Nous allons essayer chacun individuellement de passer entre les mailles du filet. On va démonter les mitrailleuses, les camoufler et à chacun son destin. » Livrés à nous-mêmes, nous avons une impression d'abandon, de solitude, de lâchage. Pendant un an, les chefs nous ont dit : lève-toi, couche-toi, marche, cours, rampe, repos, mange, dors... Nous étions des bœufs, des chevaux, des ânes, sans plus d'initiatives que nos mulets. Il faut se ressaisir. Vers trois heures de l'après-midi, nous sommes à Veules-les-Roses. Des soldats débandés parcourent les rues, mêlés à des civils qui fuient devant l'ennemi. Tout à coup, l'aviation attaque. Grondements de moteurs, hurlements des sirènes, explosions des bombes. Les stukas font un passage sur la ville...

Robert DUCHAMP
10 juin 1940

Kriegsgefangene

C'est à notre tour de former la colonne, encadrés par des soldats plus nombreux que tout à l'heure. J'entends les premiers mots d'allemand : los, los. Nous arrivons dans une vaste pâture entourée de barbelés. Au lieu des vaches, ce sont les prisonniers qui vont piétiner l'herbe. Aux quatre coins, des automitrailleuses, des sentinelles le long des barbelés. Nous, nous sommes vivants, deux bras, deux jambes, une tête et aussi un estomac. Pour le moment, il semble endormi. Mais boire, manger, cela va nous poser des problèmes. Nous sommes à la merci des vainqueurs. La merci : miséricorde, grâce, pitié. Je me rends à merci, pieds et poings liés, la tête sur le billot. Je gamberge. La guerre a ses lois, que les Allemands respectent. Convention de Genève, Croix-Rouge. Des vociférations en allemand d'abord, en français ensuite. « Couchez-vous, couchez-vous. »

La masse s'exécute. Quelques silhouettes restent debout. Une rafale de mitraillette met tout le monde sur le flanc. Première nuit de captivité. Les étoiles s'allument dans le ciel de juin. Je m'enroule dans ma capote, je m'efforce de ne penser à rien et je m'endors très vite.

Les lueurs de l'aube me réveillent et la rosée et le froid du matin. Les copains sont là, yeux bouffis, bouche amère, joues noircies par une barbe de trois ou huit jours. Ça remue un peu partout. Un grand, avec un képi, pisse au pied d'un piquet de clôture et d'autres y viennent aussi. « Un bon chien fait pisser l'autre », me souffle Béteille.

De prairies en pâtures nous cheminons dans un pays déserté par ses habitants. La guerre a laissé des traces, fermes brûlées, bétail crevé ventre gonflé, pattes en l'air, charrettes versées dans les fossés. Nous croisons des colonnes de soldats allemands, tête nue, manches retroussées. Ils chantent : Aili Ailo Aila. Ils nous photographient en rigolant. Nous sommes filmés pour les actualités allemandes. La colonne s'étire sur une longueur démesurée. Je n'en vois pas la tête, ni la fin. Il fait chaud, le soleil tape dur sur les crânes et je n'ai pas de coiffure. Une poussière dorée nous enveloppe, pique la gorge, brûle les yeux. Ça sent la sueur, les pieds sales, le pet, la merde. On plie les épaules, on baisse la tête, on traîne les pieds. Nos capotes déboutonnées pendent lamentablement. Les bandes molletières d'un gars se déroulent. Il s'arrête, essaie de les remettre. Los, los, crie une sentinelle menaçante. Les molletières resteront dans le fossé.

Robert DUCHAMP

Le résistant de la première heure

Juin 1940. Face à l'exode, Jean Moulin, préfet d'Eure-et-Loir, n'abandonne pas son poste et reste à Chartres pour protéger les populations. Les nazis l'arrêtent et le torturent pour qu'il signe une note accusant les troupes sénégalaises de l'armée française de massacres sur les civils, en fait mitraillés sur les routes par les avions italiens... Plutôt que de céder sous la torture, Jean Moulin tente de se suicider en se tranchant la gorge dans la nuit du 17 au 18 juin 1940. Les nazis le sauvent de justesse. Jean Moulin est révoqué par Vichy le 2 novembre 1940.

Je ne peux pas signer. Je ne peux pas être complice de cette monstrueuse machination qui n'a pu être conçue que par des sadiques en délire. Je ne peux pas sanctionner cet outrage à l'armée française et me déshonorer moi-même. Tout plutôt que cela, tout, même la mort. La mort ? Elle ne me fait pas peur [...]. Mon devoir est tout tracé. Les boches verront qu'un Français aussi est capable de se saborder. Je sais que le seul être humain qui pourrait encore me demander des comptes, ma mère, qui m'a donné la vie, me pardonnera lorsqu'elle saura que j'ai fait cela pour que des soldats français ne puissent pas être traités de criminels et pour qu'elle n'ait pas, elle, à rougir de son fils.

Journal de Jean MOULIN
Premier combat

3

L'Ordre nouveau 1940-1941

Dernier président du Conseil de la IIIe République, le maréchal Pétain succède à Paul Reynaud et appelle immédiatement, le 17 juin 1940, à cesser le combat en désignant les nazis, non comme des ennemis, mais comme des « adversaires ». Refusant une capitulation qui ferait porter aux généraux vaincus la responsabilité de la défaite, Pétain impose un armistice qui implique les pouvoirs civils et fraye la voie à une politique de collaboration.

Le 10 juillet 1940, Pétain se fait remettre les pleins pouvoirs par les derniers parlementaires réunis à Vichy. Le nouveau gouvernement réalise alors en trois mois, sans pression allemande, ce que l'Allemagne nazie a fait en trois ans, avec le statut du 3 octobre excluant les juifs de la nation et la loi du 4 octobre autorisant l'internement administratif des juifs étrangers.

Instruit par l'expérience de la Première Guerre mondiale, l'État organise dès septembre 1939 le rationnement. À partir de l'été 1940, les prélèvements de l'armée d'occupation et le manque de main-d'œuvre entraînent des pénuries aggravées par le marché noir dont souffrent les citadins par ailleurs exposés aux bombardements aériens.

Le 23 septembre 1940, Vichy instaure les cartes de rationnement classant les Français en huit catégories dont les adultes (A), les travailleurs de force (T), les moins de 3 ans (E), les jeunes de

3 à 6 ans (J1), de 6 à 12 ans (J2), les 13-21 ans et les femmes enceintes (J3). Les Français s'installent dans la disette et dans les pénuries de textile, de cuir, d'essence, de charbon…

*

* *

La punition

Français !

C'est vers l'avenir que désormais nous devons tourner nos efforts. Un ordre nouveau commence. Ce n'est pas moi qui vous bernerai par des paroles trompeuses. Je hais les mensonges qui vous ont fait tant de mal.

Nous avons à restaurer la France. Montrez-la au monde qui l'observe, à l'adversaire qui l'occupe, dans tout son calme, tout son labeur et toute sa dignité. Notre défaite est venue de nos relâchements. L'esprit de jouissance détruit ce que l'esprit de sacrifice a édifié. C'est à un redressement intellectuel et moral que, d'abord, je vous convie. Français, vous l'accomplirez et vous verrez, je vous le jure, une France neuve sortir de votre ferveur.

Philippe PÉTAIN
Discours du 25 juin 1940,
jour d'entrée en vigueur de l'armistice

La rédemption

Gabrielle Narcy est employée de bureau. Fille unique, elle vit seule à 45 ans avec ses parents qui sont revenus vivre à Clermont-Ferrand une retraite méritée.

Clermont-Ferrand, le 17 juillet 1940

Ma chère Yvonne,

La défaite est toujours triste mais nous n'étions pas dignes d'avoir la victoire. Il faut accepter l'épreuve et nous aurons très probablement un relèvement que nous n'aurions pas eu sans la défaite.

Il n'y a qu'à considérer à quel degré et d'égoïsme et de perversion était tombée notre France depuis 1919. Hitler n'est sans doute pas à la veille de sa conversion, mais rien n'est cependant impossible dans ce domaine. Quoi qu'il en soit les choses auraient pu se passer beaucoup plus mal. N'écoutez pas les propos parfois alarmistes de nos braves paysans qui n'étudient pas assez les problèmes internationaux pour pouvoir porter un jugement ou même envisager des hypothèses. Ils ne doivent constater qu'une chose : que les sacrifices imposés leur sont durs. Ils ne sont pourtant pas les plus malheureux et l'épreuve appelle la rédemption.

Affectueux baisers à partager entre tous

Gabrielle

Je ne suis pas un déserteur

Le lieutenant Raoul Béon s'engage comme médecin dans les Forces françaises libres. Il se bat au Tchad, en Érythrée, en Syrie, en Libye et en Tunisie et il disparaît, tué par un obus en soignant des blessés, le 11 mai 1943, à l'âge de 33 ans.

Moussoro le 1er septembre 1940

Mon tout petit

Si un jour tu lis cette lettre c'est que je serai mort quelque part en Afrique ou ailleurs au service de la France. Mon tout petit tu dois savoir que je suis passé à de Gaulle et que je suis condamné à mort ou tout au moins à cinq ans de prison, il paraît que tous nos noms sont affichés à la mairie de notre commune de naissance ; je peux être descendu, je peux être fusillé si je suis pris mais tout ça c'est le cadet de mes soucis. Je voudrais simplement que tu me promettes de dire aux petites que leur père n'est pas un déserteur, n'est pas un rebelle ou plutôt n'était pas. Il a simplement essayé de libérer la France pour qu'elles puissent vivre heureuses. Je suis sûr mon tout petit que tu leur diras et cette assurance me permettra de partir avec deux seuls regrets : celui de vous quitter toutes les trois sans être sûr de votre avenir et celui de n'avoir pas vu la France libérée.

Ton Raoul

L'Europe germanisée

Léon Werth, 62 ans en 1940, blessé en 1914-1918, est un esprit indépendant, pourfendeur de la guerre et du colonialisme. Il est l'ami d'Antoine de Saint-Exupéry, qui lui dédie « Le Petit Prince ». Homme de gauche opposé aux totalitarismes soviétique et nazi, pourchassé pour ses origines juives, replié à Saint-Amour dans son Jura natal, il publie en 1946 « Déposition », un journal de l'Occupation qui montre un pouvoir d'analyse peu commun.

Et si l'Europe est germanisée ? Tout est perdu, l'essentiel est perdu ; mais l'essentiel n'est que nuance. Quand

Hitler aura donné du pain aux foules, souffriront-elles beaucoup de n'avoir pas le droit de lire Spinoza parce qu'il était juif ? Entre la liberté et l'oppression, il n'y a que la différence d'un air pur à un air vicié. Mais ceux que Hitler chasse, dépouille ou torture ? Ils crèveront comme d'autres déjà sont morts et oubliés. L'oppression se stabilisera. Une bonne moitié de l'humanité ne la sentira même pas.

Léon WERTH
Déposition : Journal 1940-1944
© Éditions Viviane Hamy, 1992

La presse infâme

Berthe Auroy a l'âge de la retraite. Institutrice célibataire, elle vit en région parisienne et elle écrit son journal au fil de l'Occupation sur une douzaine de cahiers d'écolier…

Les journaux. Tous vendus à l'Allemagne… Tous se livrent à une propagande éhontée en faveur d'une collaboration avec l'Allemagne ; tous vomissent des flots de haine et des mensonges contre l'Angleterre et les juifs. Assurément, mieux vaudrait renoncer à lire ces infamies qui ont noms : *Paris-Soir, L'Œuvre, Le Pilori, Les Temps nouveaux*, etc., etc. Quand l'indignation est au comble, on se promet de ne plus toucher à ces feuilles infectes. Mais on y revient tout de même, parce qu'il faut bien se tenir au courant des formalités incessantes de cartes, tickets, etc., qui concernent le ravitaillement.

Berthe AUROY
Jours de guerre : ma vie sous l'Occupation
© Bayard, 2008

Les juifs des sexes

À 19 et 15 ans, Benoîte et Flora Groult sont deux sœurs de bonne famille qui s'appliquent côte à côte à déchiffrer la vie, en écrivant chacune leur journal intime.

Vichy vient de décider que les femmes ne seraient plus des individus complets et doués de libre arbitre : il les renvoie au grand anonymat des besognes ménagères. Il sera désormais interdit d'embaucher une femme mariée dans les administrations publiques ! Elle sera interdite aux femmes et aux chiens. Nous sommes les juifs des sexes.

Benoîte GROULT
Journal à quatre mains

Gurs, camp de concentration français

Construit en mars 1939 à la frontière pyrénéenne pour accueillir les réfugiés espagnols, Gurs est le plus vaste des camps de la zone sud.

À partir de mai 1940, le camp abrite des « politiques » suspects, en majorité communistes, dont cinq mille femmes allemandes rassemblées, cinq jours après l'offensive nazie, dans le Vélodrome d'hiver de Paris. Parmi elles, Lilo Pertersen, 18 ans, dont la mère résistante sera déportée au camp de concentration de Ravensbrück.

Les Allemands font crever, les Français laissent crever. Toute la nuance est là.

Il fait sombre. Sur le papier goudronné du toit, la pluie tambourine à grosses gouttes une mélopée hallucinante. Les femmes se recroquevillent sur la mince couche de paille de leurs sacs étalés à même le sol, dans la baraque. Sur ce sol de planches minces et mal jointes, rats et souris font la course.

Depuis belle lurette, les cris hystériques de celles qui en ont peur se sont perdus dans l'apathie. La leur et celle des autres.

Sans meubles, sans lits, sans tables, bancs ou chaises, les femmes croupissent sur ces sacs de paille, qui, remplis une fois l'an, deviennent vite assez minces pour être facilement pliés en deux et servir de « fauteuil ».

C'est une ville de baraques de planches recouvertes de papier goudronné. Une ville coupée en deux et dont chaque moitié est divisée en quartiers délimités par du fil barbelé. Et tous les quartiers ensemble sont enserrés d'un fil barbelé plus épais encore. Chaque quartier, nommé « îlot », compte vingt-cinq baraques de soixante femmes. La nuit, la mer de toits et murs noirs est vaguement tirée de l'obscurité par quelques loupiotes clouées sur de hauts mâts. On dirait des fauves tapis dans l'ombre devant de fades lumières au garde-à-vous.

Il n'y a pas d'eau courante dans les baraques. Pas de tuyaux. Pas de robinet. Pas de cabinets non plus. Une seule unité de latrines surélevées, adossée aux barbelés, dessert tout un îlot, c'est-à-dire près de 1 500 personnes. Cette demi-douzaine de trous, plus ou moins exposés à tous les vents, sert de cabinets. Sans eau. Rien que les trous. Durant les mois de pluie, lorsqu'on doit s'y rendre, il est inutile de vouloir se hâter. Autour des baraques, la terre glaise détrempée du sol engloutit chaque pas, quelquefois jusqu'aux mollets, et refuse de les rendre. Elle garde parfois une chaussure. Il est vain alors de vouloir la retrouver. Chaque pas est une bataille. Bien souvent, le temps manque pour atteindre le but, aussi les plus faibles ou les plus philosophes renoncent-elles à ce duel contre la glaise.

Mieux vaut ne pas avoir soif pendant la nuit. L'eau ne coule qu'un moment le matin et un moment le soir. Et encore faut-il attendre son tour devant les quelques auges en bois, alignées en plein air et desservies par un tuyau horizontal dont les trous, répartis sur toute la longueur, laissent parcimonieusement couler la seule eau disponible pour boire, se laver, faire un brin de lessive ou constituer une petite provision du précieux liquide et l'emporter dans la baraque. Mais cela, le plus souvent, reste un rêve : la plupart des femmes n'ont rien pour stocker ne fût-ce que l'équivalent de quelques gorgées.

Les espèces rampantes, volantes et trottantes n'ont à craindre des humains qu'un geste agacé. Il n'y a pas d'insecticides, rien ne les empêche de se multiplier à loisir et, s'associant aux bactéries et aux virus, de propager les épidémies, jetant les victimes sur leur grabat dont souvent, déjà affaiblies par la faim, elles ne se relèvent pas. Alors, les morts restent couchés parmi les vivants, attendant le « camion ramasse-morts » qui passera plus tard ou le lendemain, sur lequel ils seront empilés, puis déchargés avant de finir dans un trou creusé pour eux ou, lorsqu'il y en a trop, le trou commun du cimetière du camp.

Cette ville de baraques est un camp. Un camp de concentration d'une capacité de 20 000 prisonniers. Un camp français, en France. Conçu, administré et surveillé exclusivement par des Français. C'est le camp de Gurs, un peu au-dessus de Pau, face aux Pyrénées. Mon destin m'y a menée. Un destin au milieu de milliers de réfugiées allemandes, persécutées par les nazis et venues se placer sous la protection de la République française… Toutes ont été internées par cette même République un certain 15 mai 1940, date passée sous silence : celle de la première rafle du Vél'd'Hiv.

Lilo PETERSEN
Les oubliées

Lettre anonyme

Bordeaux, le 29 novembre 1940

Monsieur le Préfet de la Gironde,

Vous avez arrêté 148 communistes : c'est très bien. Mais beaucoup encore desservent notre pays, c'est pourquoi je tiens à vous dénoncer un certain Jeaubertie, André, 19, rue Porte-Basse, qui mène une activité très cachée mais certaine et qui peut nous porter encore plus de préjudices. Il fréquente le Banque, rue de Berry, centre communiste notoire. En plus allié à certains juifs de la rue Sainte-Catherine. Son activité n'en paraît que plus dangereuse. Il serait bon, nous croyons, de mettre un terme à ces agissements. La Kommandantur est prévenue. Il faut débarrasser la France de tous ces criminels.

Merci d'avance. Vive la France. Ces lignes sont écrites sans haine mais dans l'esprit d'aider à sauver notre Pays.

Respectueux sentiments.

Un groupe de Français

Une force qui voudrait broyer les hommes...

Lettre de Madeleine Le Goff, institutrice à l'île de Sein, écrite à son mari André Le Goff, quartier-maître gabier à bord de l'« Opale ».

5 décembre 1940

André chéri

Cela fait bien longtemps que tu es parti et cette absence a été la plus longue depuis notre mariage. Tu ne m'avais encore quittée que pour la pêche et même ainsi, chaque fois, pesait sur moi l'angoisse de cette terre, qui me faisait sentir que peut-être ce serait toi, mon André, qui ferais partie du tribut que chaque année la mer prélève sur nous. Je pense maintenant à cela comme au souvenir d'un temps heureux, depuis que j'ai pesé quels sacrifices tu as acceptés, pour être digne de rester un homme. Je sais aussi qu'à bord tu es aimé et que tu aimes tes officiers et tes camarades. Cela m'aide à espérer – mais de toute façon dis-toi que je pense que c'est là où tu es que tu dois être, avec la centaine d'hommes de notre île minuscule. Cela est notre fierté. Quelques gars de Tresgoat, sur la terre ferme, sont revenus en août d'Angleterre les mains dans les poches, apparemment bien tranquilles mais au fond honteux car la conscience pas claire. Les femmes les ont accueillis à coups de pommes de terre et l'on dit qu'ils vont repasser par chez nous pour aller de nouveau où tu es. Je crois qu'ici si l'un de vous était revenu, il nous aurait toutes vues sur la cale, avec des galets dans les mains, car les pommes de terre sont rares. Aussi suis-je fière de toi et de tous ceux de l'île qui sont restés de l'autre côté de l'eau. M. le Recteur nous commente tout ce qui se passe et dit que le devoir de tous les hommes de l'île ayant moins de 40 ans est de rejoindre le général de Gaulle. Les vieux seuls doivent rester ici avec les femmes, et les aideront à vivre en pêchant un peu et en assurant le ravitaillement. C'est par un de ceux qui partent que je t'envoie cette lettre qui, je l'espère, te trouvera en bonne santé. Ici, rien de bien neuf sinon que nous sommes un peu plus tristes que d'habitude et que nos vêtements noirs semblent marquer davantage votre absence prolongée. La mer est toujours là, tout près ; elle me rapproche de toi car la respiration de nos hommes a toujours été et est encore si intimement mêlée à son souffle qu'en l'écoutant c'est un peu comme si je t'écoutais – par instants je te sens si près de moi.

M. le Recteur est admirable et c'est vraiment lui qui en votre absence a pris la barre ; il est devenu l'âme de la communauté faite de nous et des pierres qui affleurent à peine la mer. Une quinzaine de « verts » sont là. Ils se sont emparés du poste de radio et contrôlent les mouvements du port, ou du moins ils le disent et sans doute le croient-ils. Mais comme moi tu sais qu'ils n'empêcheront rien et que ceux qui auront à partir partiront. C'est comme s'ils voulaient empêcher la basse mer de découvrir notre chaussée, si longue jusqu'au phare d'Armen. Personne ne leur parle et seul M. le Recteur traite avec eux les affaires indispensables. À l'école les enfants ne me donnent plus de tracas. Ils sont devenus plus sages. Il semble qu'il y ait en eux la révélation de la présence dans le monde d'une force mauvaise, momentanément plus forte que la mer, d'une force qui voudrait broyer les hommes, sans, comme elle, élever ceux qui restent, mais au contraire les rabaisser. Ne t'inquiète pas pour moi, je continue comme avant mon métier d'institutrice, ce qui occupe mon temps, et puis tu sais qu'à l'île de Sein il n'existe pas de malheur avec lequel nous ne puissions nous mesurer. De la terre ferme, il nous arrive de drôles de nouvelles.

Au revoir, mon André, je t'embrasse avec l'espoir que tu me reviendras un jour. Nos deux enfants sont là près de moi, si calmes dans leur sommeil, probablement remplis de ton souvenir car ils me parlent souvent de toi dans le courant de la journée. Je prie pour que Dieu te protège.

Madeleine LE GOFF

Le manque de tout

Marie-Claire Barrot habite Auch. Elle a 8 ans en 1941.

Les rations sont vraiment très petites et les produits indispensables tels que les corps gras huiles et beurre, mais aussi le café, le thé, les oranges, les bananes, les citrons, le chocolat et le sucre disparaissent des étalages. La viande est rare, les pommes de terre remplacées par les topinambours et les rutabagas… Le pain de son et les châtaignes composent nos soupers. Le lait rationné est réservé aux enfants et aux vieillards. Mon père fait griller de l'orge qu'on boit le matin, sucré à la saccharine en guise de café. Pas de marché noir : papa est fonctionnaire et intègre. Ma mère confectionne du raisiné avec des poires et des prunes confites dans du moût sans sucre. Le manque de protides et de matières grasses nous donne le teint pâle, et beaucoup d'adultes et d'enfants mal couverts non chauffés voient leurs mains, leurs pieds, parfois leur nez et leurs oreilles rougis par des engelures suintantes qui cuisent le soir. Mon père levé très tôt tous les jours, avant de partir au bureau, allume un feu de bois dans la cuisinière Rosières émaillée dont le ballon d'eau chaude fournit ma mère pour la cuisine et la vaisselle. Nous faisons tous la toilette du petit chat, tous les matins dans nos chambres non chauffées, avec un gant et de l'eau froide et un peu de savon de guerre confectionné avec du suif et un peu de soude.

Marie-Claire BARROT

La vie sordide

Le problème du froid cette année est devenu presque insoluble. Il a fallu se résigner à mettre au rancart les radiateurs électriques si chèrement acquis l'hiver dernier, car les restrictions nous laissent à peine de quoi nous éclairer. De même, le gaz nous est mesuré au compte-gouttes. Je m'en tiens donc à un petit feu de veuve dans la cuisinière : une seule pelletée de charbon et quelques pelletées de débris, voilà pour tout un après-midi (par une journée froide, bien entendu).

Chez Hélène, la chaudière du chauffage central, ayant éclaté l'hiver dernier, n'a pu être réparée. Ils en sont réduits à un seul feu de bois au rez-de-chaussée de la maison, Hélène qui n'est pourtant pas frileuse, avoue que c'est intenable. Pour la première fois de sa vie, elle a les mains rouges d'engelures.

Il faut une énergie du diable pour faire consciencieusement sa toilette dans ces conditions de froid. Pour ma part, j'ai renoncé aux grandes ablutions quotidiennes. « Allons-y, pour une toilette rustique ! » C'est le refrain de chaque matin.

Cependant, il faut bien tout de même, de temps en temps, procéder à une toilette plus soignée. Alors, ce n'est plus la toilette « rustique » c'est la « toilette mosaïque ». On lave un tout petit morceau de sa personne, et vite, vite, on recouvre la partie lavée pour passer à un autre petit morceau. Faute de gaz, la salle de bains est abandonnée. Dans tous les domaines, la vie est sordide.

Berthe AUROY
Jours de guerre : ma vie sous l'Occupation

Tous aux abris…

Raymond Ruffin a 10 ans en 1939. Pendant toute la guerre, il écrit le journal de sa vie quotidienne dans ses cahiers d'écolier : celle d'un enfant qui vit dans un village du Calvados ou à Vincennes, en banlieue parisienne, les sombres heures du rationnement et des cartes d'alimentation.

Les sirènes font entendre leur hurlement strident. Alerte ! Nous nous préparons en hâte à rejoindre les abris. Nous enfilons manteaux et pardessus ; Claudie est arrachée à son lit et roulée dans une couverture ; c'est à peine si elle se réveille ! Dans l'escalier, nous retrouvons les voisins, chacun se presse vers les sous-sols désignés. Dans la rue, les agents de la Défense passive activent les petits groupes vers les porches protecteurs portant l'inscription : « Abri n° X ». Le ciel s'illumine des pinceaux mouvants des projecteurs recherchant les avions alliés. Au loin, de sourds grondements retentissent : quelque pièce de DCA en action. Nous traversons le hall sombre, côtoyant des silhouettes floues, pour nous engager dans l'escalier de pierre mal éclairé. Les couloirs suintent d'humidité ; une désagréable odeur de moisi flotte sous les voûtes. Tant bien que mal, nous voilà casés dans un coin, mais c'est un problème que de trouver une place sur les trois ou quatre bancs disposés sur les côtés. Certains prévoyants ont apporté des pliants ou des chaises de toile et s'installent le plus commodément possible. Les deux ampoules jaunes qui pendent au plafond dispensent une lumière blafarde ignorant les recoins et les allées.

Raymond RUFFIN
Journal d'un J3

Ersatz en tout genre

Lucette Martin de Luca a 6 ans en 1940. Elle habite avec ses parents Vassieux-en-Vercors.

C'est la dure époque des restrictions, mais nos parents s'ingénient à adoucir pour nous ces mesures rigoureuses : le sucre de betterave qui a l'aspect du miel remplace la saccharine dans nos déjeuners, et nous, les enfants, nous nous employons de notre mieux à faire griller l'orge qui supplée au café devenu rare. Un mélange de soude et de graisse avariée coulé dans une boîte donne un savon acceptable. Parfois la nuit notre père va au moulin de Saint-Martin-en-Vercors moudre un peu de blé : ce peu de farine permettra à maman de nous régaler de quelques pâtisseries ou de simples brioches qui nous paraissent exquises. Le pain est bien noir et souvent mauvais. Grand-mère a retrouvé son rouet, elle m'apprend à filer la laine de nos moutons. Grand-mère est si fière de ses draps de chanvre qu'elle a tissés elle-même, autrefois. Grand-père, très habile, tresse la paille et l'écorce de noisetier qui deviennent, par ses soins, corbeilles ou paniers ou petits tonneaux utiles et joliment travaillés. J'aime écouter, tandis que crépitent les bûches, grand-père nous raconter sa vie dans les tranchées pendant la guerre de 1914. Pour nous égayer, il nous lit des poèmes de Victor Hugo, son auteur préféré.

De temps en temps nous recevons de longues lettres envoyées d'Allemagne par mes oncles Charles et Auguste, tous deux prisonniers et qui ont si fort le mal du pays.

Lucette MARTIN DE LUCA
Rescapée de Vassieux-en-Vercors, souvenirs d'une fillette de dix ans
Imprimerie Rey, 1977

Système D

Fils d'un ingénieur et d'une secrétaire, Jean Bailleul, 10 ans en 1942, vit à Paris avec son frère aîné et ses grands-parents.

Il n'y a presque rien à manger et c'est mauvais. Quand on trouve des navets au marché de la place des Fêtes, ils sont durs ou très mous, avec de la ficelle à l'intérieur. Ils sont mécheux, dit grand-mère. Il y a des fois des rutabagas, mais c'est pire que les navets ! Le pain est tout noir et il y a de la sciure dedans. Il n'y a pas de beurre, pas d'œuf, pas de viande. On a tellement faim. On peut quand même acheter quelque nourriture avec des tickets ou au marché noir.

Le marché noir, c'est Pinton, le boucher, et la mère Mourdin, l'épicière. Ils disent à Maman qu'ils n'ont pas ce qu'elle veut. Mais, après réflexion, ils en auraient peut-être… Ils peuvent lui trouver, parce qu'un de leurs amis ira en chercher à la campagne. Il faudra compter avec les frais supplémentaires et les risques. Ce sera beaucoup plus cher… 3 ou 4 fois ou même plus que le prix affiché, quand on donne des tickets… C'est du baratin ! Grand-père ne veut pas qu'on achète au marché noir, c'est dégoûtant ! Il dit que les commerçants sont tous menteurs, voleurs et profiteurs.

Au marché noir, on peut se procurer de fausses cartes de tickets. Mon oncle Charlot en a acheté une, pour le pain. Elle ressemble à la vraie, mais il y a des différences. Le papier, les dessins et les couleurs ne sont pas tout à fait les mêmes. On a un peu peur de s'en servir. Pas mon oncle, il achète du pain avec ! Si on lui dit que son ticket est faux, il fait l'étonné et en donne un bon à la place. Après, il essaie de passer ses faux tickets dans d'autres boulangeries.

Moi, je deviens un grand artiste. Je me spécialise dans la peinture du chiffre 7. Sur les cartes de pain, il y a des tickets de 50 et des tickets de 750. Le 50 des tickets de 50 et de 750 est à la même place sur les deux tickets. Il suffit donc de mettre un 7 devant le 50 pour le transformer en 750 !

Ce n'est pas beau de tricher ! Mais on n'a pas honte ! On triche contre des tricheurs et de voleurs. Par exemple quand on le pèse, ce pain de fantaisie obtenu avec le ticket de 750, on ne trouve que 630 grammes. Fantaisie ! C'est bien le nom d'un pain mauvais et qui ne fait pas son poids ! Tous les commerçants sont des voleurs. C'est normal de les voler. « À la guerre, comme à la guerre ! » comme a dit Jo, pendant l'exode, en prenant de l'essence d'une voiture pour la mettre dans son camion.

Il n'y a plus de bois, plus de charbon, plus de papier, et il fait très froid. Dès qu'on trouve un bout de papier, on le ramasse et on l'apporte à grand-mère. Elle met tout dans une grande lessiveuse pleine d'eau. Quand il y a beaucoup de papiers mouillés, on en fait des boules. On met ces boules sur des planches dans la courette, et on attend plusieurs jours. Quand elles sont sèches et bien dures, grand-mère les met dans sa cuisinière pour remplacer le charbon.

On ne peut pas faire autant de boules qu'on le voudrait car on ne trouve pas beaucoup de papier. Nous ne sommes pas les seuls à faire cela et grand-père ne veut pas acheter de journaux aux collabos !

Jean BAILLEUL

Des yeux de cochon

Le boulanger de la place de la République, gros bonhomme avec de petits yeux de cochon, profite du fait que je suis un enfant pour tricher sur tout, lorsqu'on m'envoie au pain : soit il prélève plus de tickets que le poids qu'il donne, soit il détache la bonne quantité de tickets, donc correspondant au poids demandé, mais sans fournir en réalité le poids équivalent, soit, enfin, il triche sur la monnaie rendue... bien souvent au travers de la grille de fermeture, car il ferme de bonne heure et gare aux retardataires !... Bien entendu, lorsque j'arrive à la maison et qu'on recompte la monnaie, c'est trop tard...

Souvent, ma mère ou ma grand-mère me demandent de ne pas oublier de faire noter par le commerçant le prix et le poids de la marchandise livrée. Arrivé à la maison, c'est le moment des vérifications : ma grand-mère pèse tout à nouveau et divise le prix marqué par le poids, recalculant ainsi le prix au kilo, lequel est, bien souvent, supérieur au prix annoncé par le commerçant. Il faut donc retourner chez lui et lui demander de rectifier ; c'est l'horreur !

Gérard GROS

4

La révolte et la terreur 1941-1942

La Résistance est d'abord un refus de l'armistice. Dans ce refus, se rejoignent des hommes et des femmes d'horizons politiques et de cultures les plus divers. Du poète Paul Éluard, proche des surréalistes avant de l'être des communistes, à l'écrivain catholique Georges Bernanos, la Résistance est l'expression de la conscience en lutte contre les dictatures racistes. Au nom de ces valeurs, Georges Bernanos dénonce la première vague d'extermination des juifs dans l'URSS envahie par Hitler et appelle les États-Unis à entrer dans la croisade de l'« Esprit », deux mois avant que l'attaque japonaise de Pearl Harbor ne les sorte de l'isolationnisme.

1942 est l'année de la mise en acte de l'extermination des juifs d'Europe décidée fin 1941 par Hitler et programmée en janvier 1942 à la conférence allemande de Wannsee. En France, si les rafles de 1941 ont visé les hommes juifs adultes, pour la plupart étrangers, elles n'épargnent plus désormais les femmes et les enfants. L'étoile jaune cousue sur le vêtement est imposée simultanément, dès 6 ans, aux populations juives de zone occupée française, de Belgique et des Pays-Bas. La plupart sont cependant arrêtés à domicile. Treize mille juifs de région parisienne sont raflés à partir du 16 juillet 1942 par la police française obéissant aux Allemands. Les familles sont concentrées au

Vélodrome d'hiver. Pour la première fois sont arrêtés des femmes et des enfants. Ils n'ont pas toujours eu le réflexe de se cacher.

*
* *

On les aura…

Lettre radiodiffusée de Jacques Bingen à sa mère, 18 mars 1941

Ma vieille mère chérie

J'ai parlé bien souvent à la radio de Londres au cours de ces derniers six mois et, chaque fois, au moment de m'asseoir devant le micro, l'espoir que tu allais m'entendre, que tu reconnaîtrais ma voix m'a rempli d'une émotion très douce.

Je viens d'apprendre enfin que mes vœux ont été exaucés. Il paraît que tu m'as plusieurs fois entendu et que tu es heureuse et fière de ton fils.

Pourvu que tu sois à l'écoute en ce moment : tu sais que je n'ai jamais perdu confiance, même pas lorsque, blessé, je nageais vers le navire qui m'a sauvé des boches ; même pas lorsque, la rage au cœur, j'ai appris en mer que l'armistice était signé ; même pas quand, en septembre, le bombardement de Londres faisait rage. Mais je t'avoue franchement que, si j'avais la conviction que les Anglais tiendraient et qu'ils ne seraient pas battus, pendant quelques mois, j'ai souvent cru que je ne te reverrais jamais. Les mois qui viennent ne vont pas être drôles. Tu vas te faire bien des soucis, pour moi, pour les garçons, et pour André. Du moins je m'imagine que le petit ne manque pas de chandails si tu tricotes toujours autant ; mais as-tu de la laine ?

Ma vieille, depuis le 11 mars, tout est changé. Je suis maintenant certain qu'on les aura, ces sales boches. On les aura, jusqu'au trognon. C'est cela que j'ai voulu te dire parce que tu crois à ma parole. L'Amérique est avec nous. C'est la victoire certaine. L'Amérique, ses usines, ses ingénieurs, ses ouvriers. Nous savons bien, dans la famille, quelle puissance elle représente.

Je sais que, hier, tu supportais le malheur avec courage, un peu comme un malade résigné qui ne laisse pas échapper de plaintes. Maintenant il faut me croire quand je te dis : courage et patience. Votre délivrance est une certitude. Il s'agit seulement d'avoir le courage de tenir le coup pour quelque temps. Dis-le haut aux autres femmes de la famille. Fais-le savoir aux trois garçons. Dis-leur de tenir bon, de conserver leur chic moral ; leur père aurait été fier d'eux.

Je pense à toi si souvent : l'automne dernier cela me flanquait le cafard. Depuis que l'Amérique est avec nous, je n'ai plus le cafard lorsque je pense à toi. Tu sais que je te tiendrai de nouveau dans mes bras, ma vieille, et peut-être dans moins de temps que tu ne t'imagines. Rappelle-toi juillet 1918. Comme tout te semblait sombre, et quatre mois après, c'était la victoire. Ce serait merveilleux si, l'an prochain, nous étions tous réunis pour mon anniversaire !

Jacques

Lutter jusqu'au bout

Résidant à La Haye-Descartes avec son mari André, Jeanne Goupille résiste à ses côtés tout comme ses quatre enfants. Lorsqu'elle écrit à sa fille Élisabeth qui poursuit ses études dans un pensionnat, Jeanne affiche clairement ses idées politiques…

Je bous de rage et d'indignation ! Pétain. Quel vieux fourbe ou quel vieux gâteux, on ne sait ! En tout cas sa conduite est honteuse et indigne d'un officier français. Il ment comme « ses maîtres » les Allemands ! Jusqu'à présent j'avais encore pour lui un certain respect, une certaine confiance. C'est fini ! C'est un traître comme les autres et je ne veux plus en entendre parler !

Jeanne GOUPILLE
8 juin 1941

La Haye, le 12 juin 1941

Ma petite chérie

Le sang des Français versé par d'autres Français. Voilà où nous a menés la confiance en Pétain. Voilà le résultat de l'armistice. Voilà le commencement de beaucoup d'autre sang et d'autres larmes que les Français vont encore verser. Car tu penses bien que cela ne fait qu'affermir nos sentiments, comme augmenter notre haine, et maintenant dans cette haine, dans ce désir de revanche, il faut englober des Français ; si on peut encore donner ce nom à des vendus, à des traîtres. Malheureusement le nom de Pétain a ébloui tant de braves gens, leur a donné confiance, les a aveuglés ! Et voilà la France plus déchirée que jamais, s'abaissant encore davantage, dressant ses enfants les uns contre les autres ! Après tous les espoirs du début de l'année, après le renvoi de Laval qui avait fait croire à tout autre chose, quelle déception ! Enfin ne parlons plus de cela, c'est trop déchirant et on souffre comme l'an passé à pareille époque. Gardons notre foi, notre confiance entière ; souffrons, acceptons, prions. Nos efforts ne seront pas perdus. Et plus nous aurons souffert plus la délivrance sera belle ! Le moral reste le même parmi ceux qui passent venant de partout ! Au contraire la volonté de vaincre s'affermit ; le désir de tout sacrifier à notre liberté grandit. Le jour vient où il va falloir compter avec les Français, les vrais, pas ceux de Vichy pas ceux de la collaboration. Encore plus se plier est encore plus grandir. Mille tendresses de ta maman qui t'aime tant tant tant.

Jeanne

Le souffle de l'esprit

Établi depuis 1938 au Brésil, l'année où il s'est détaché de la cause franquiste en publiant « Les grands cimetières sous la lune », l'écrivain Georges Bernanos se rallie à la France libre, et il écrit des textes pour la BBC. Sa « Lettre aux Anglais » publiée en 1941 plaide notamment auprès des Alliés la cause du général de Gaulle.

Cher monsieur Roosevelt,

Ce ne sont pas les intelligences qui sont malades, ce sont les consciences. Et les consciences malades s'arrangent très bien avec leur maladie, elles ne sont pas pressées de guérir, elles refuseront de lire des livres de médecine, ou elles s'efforceront de les faire mettre à l'Index… Si après deux mille ans de christianisme il fallait encore toute la science des douleurs pour établir que deux et deux font quatre, c'est-à-dire qu'on n'a pas le droit de se parjurer, ni de fusiller des innocents, ni de résoudre la question juive par l'extermination des juifs, ni de s'ouvrir des débouchés économiques au moyen de l'ypérite ou du gaz moutarde, ce serait à désespérer de la chrétienté.

Cher monsieur Roosevelt, vous avez parfaitement raison de penser que Dieu a choisi votre nation pour décider demain en dernier ressort du destin de la chrétienté. C'est un grand honneur, mais c'est aussi une grande charge que d'être ainsi constitué par la Providence exécuteur testamentaire des morts, car ceux qui sont tombés jusqu'ici pour une telle cause n'étaient ni de votre sang ni de votre terre. Au moment où la volonté américaine s'apprête à faire pencher le plateau de la balance, permettez-moi de vous dire que vous disposez de leurs sacrifices innombrables, comme vous disposez déjà de tout l'or des continents. Jamais aucun peuple n'a couru le risque surnaturel que le vôtre va affronter. Il lui faut sauver la civilisation chrétienne, ou périr avec elle, avec de grandes chances d'être damné, car il n'est pas de pardon pour qui trahit l'Esprit.

Cher monsieur Roosevelt, il ne s'agit pas seulement de délivrer l'Europe de M. Hitler. Il faut que soient arrachées les racines d'un cancer dont M. Hitler n'est qu'une des manifestations superficielles – on pourrait demain en observer de plus hideuses. Il serait peut-être permis de dire aujourd'hui que le fascisme, l'hitlérisme, le communisme devront apparaître un jour, à la lumière de l'Histoire, ainsi que des déformations monstrueuses de l'antique Idée de chrétienté. Des millions d'hommes croient trouver dans le totalitarisme une loi, une religion, avec sa mystique, sa morale et ses dogmes ; dans le parti organisé une Église ; dans le dictateur omniscient et omnipotent un pape ou même un dieu. Il serait désastreux de croire que vous remettrez ces millions d'hommes dans le bon chemin en les invitant à ne plus se préoccuper du sort de l'humanité mais de leurs petits commerces...

[...]

Hommes libres qui mourez en ce moment et dont nous ne savons même pas les noms, hommes libres qui mourez seuls, à l'aube, entre des murs nus et livides, hommes libres qui mourez sans amis et sans prêtre, vos pauvres yeux encore pleins de la douce maison familière, hommes libres qui, aux derniers pas que vous faites entre la prison et la fosse, sentez refroidir sur vos épaules la sueur d'une nuit d'agonie, hommes libres qui mourez le défi à la bouche, et vous aussi qui mourez en pleurant – vous, oh ! vous qui vous demandez amèrement si vous ne mourez pas en vain –, le soupir qui s'échappe de vos poitrines crevées par les balles n'est entendu de personne, mais ce faible souffle est celui de l'Esprit.

Georges BERNANOS
Lettre aux Anglais, septembre 1941

Pour une humanité meilleure

À 42 ans, Jean-Pierre Timbaud est un homme du peuple, un ouvrier métallurgiste fâché avec l'orthographe parce que ayant quitté l'école pour travailler, et qui après des années de lutte syndicale dans les années 1930, entre très tôt dans la Résistance. Il fait partie avec Guy Môquet des vingt-sept otages communistes du camp de Chateaubriant fusillés à la suite de l'exécution par la Résistance d'un officier allemand de haut rang.

Le 22 octobre 1941

Mes deux gran amours sait la dernier lettre que je vous ecrit, je vait etre fusillé dans quelque instant mai cheri ma main ne tremble pas je suis un honnette travailleur sait vous qui ettes a plaindre il vous faudra surmonté se grand malheur soyet courageuse comme je le suis.

Toute ma vie jais combattue pour une humanité mailleure jais le grandes confiance que vous verait realise mon rêve ma mort aura servie a quelque choses mai dernière pensée serront tout d abord a vous deux mes deux amours de ma vie et puis au grand ideau de ma vie. Au revoire me deux chere amours de ma vi du courage vous me le juré vive la France vive le proletariat international. encore une fois tan que jai la force de la faire des million de baiser celui qui vous adore pour l'éternité.

Timbaud

ci join 500 fran que javai sur moi il vous serviront un million de baisés

Nuit et Brouillard

Ordonné par Hitler et signé par le maréchal Keitel, commandant de la Wehrmacht, le décret Nacht und Nebel marque une radicalisation des mesures de répression devant la multiplication des actes de résistance, l'année du tournant mondial de la guerre. Il implique la déportation sans jugement, le strict isolement, voire la disparition physique des résistants, pour la plupart français, belges et néerlandais, et dont les actes ne tomberaient pas sous le coup d'une condamnation à mort immédiate.

Après mûre réflexion, la volonté du Führer est de modifier les mesures à l'encontre de ceux qui se sont rendus coupables de délits contre le Reich ou contre les forces allemandes dans les zones occupées. Notre Führer est d'avis qu'une condamnation au pénitencier ou aux travaux forcés à vie envoie un message de faiblesse. La seule force de dissuasion possible est soit la peine de mort, soit une mesure qui laissera la famille et le reste de la population dans l'incertitude quant au sort réservé au criminel. La déportation vers l'Allemagne remplira cette fonction.

Heinrich HIMMLER
Instructions à la Gestapo, 7 décembre 1941

A. Les prisonniers disparaîtront sans laisser de traces.

B. Aucune information ne sera donnée sur leur lieu de détention ou sur leur sort.

Maréchal Wilhem KEITEL
Décret Nacht und Nebel
7 décembre 1941

Les lycéens gaullistes

Les trois fils d'André et de Jeanne Goupille sont internes dans une institution libre à Combrée, pour y poursuivre leurs études de collégiens. Comme leurs parents, Pierre, Louis et Jean ont l'esprit subversif et ne cachent pas leurs idées gaullistes qui leur vaudront tout comme leurs actes de jeunes résistants d'être déportés avec leur sœur et leurs parents trois ans plus tard, en janvier 1944. Débordée par leurs ardeurs patriotiques, la directrice de l'établissement écrit à leur mère…

Institution libre
Combrée
Maine-et-Loire

le 10 décembre 1941

Madame,

Je vous précise ici de nouveau les conditions du retour de vos fils. Gaullistes irréductibles, ils s'étaient à peu près gardés jusqu'ici d'une manifestation susceptible de leur attirer une histoire. Mais cette fois tous les trois tombent sous le coup d'une sanction dont ils étaient assez souvent et fortement prévenus. Je vous envoie les deux papiers trouvés en la possession de Pierre et de Louis : je n'ai pas besoin de vous dire ce que j'en pense. Je vous ai signalé aussi le beau geste de bravoure de Pierre déchirant une affiche allemande.

Pour Jean, il faisait partie d'un groupe de quatre élèves de sa classe qui, avec des alphabets mystérieux, prétendrait correspondre avec « leurs amis » et leur faire passer les indications, des dénonciations. J'étais intervenue vigoureusement il y a quinze jours auprès de ces gosses, croyant les ramener à la raison, au moins par la crainte. Or depuis, de former le projet de s'embarquer… Par la Méditerranée et Jean devait être le « passeur ». C'est en soi de la folie puérile. Mais, ici, ceci et cela, c'est une bravache à l'autorité et c'est pour nous quelque chose de plus grave : c'est le désaccord de ces pauvres enfants avec ce qui nous tient le plus à cœur : la cause de la France, de la seule France, et la cause de l'unité des Français autour du chef qui seul peut la sauver. Qui est contre lui, donc avec ou pour les Anglais ou de Gaulle, est contre tout.

Je vous ai dit à quelles conditions ils pourraient rentrer chez nous : qu'ils me signent et que soient contresigné par vous l'engagement dont je joins la formule. Mais cette condition matérielle remplie, je n'aurai encore guère de confiance et leur retour risque bien de ne se faire que pour peu de temps. Car je ne transigerai plus sur quoi que ce soit.

Le plus simple serait évidemment qu'ils trouvent une maison gaulliste ou moins strictement « française » : ce serait plus simple et le jeu plus franc. En tout cas, je dois ajouter que tous ces « égarements » compromettent gravement leur premier devoir et le profit de leurs études. Le triste rendement de Pierre est aussi significatif qu'inquiétant. Veuillez agréer, Madame, mes respectueux sentiments

P.-S. : au moment de cacheter ma lettre j'apprends que Pierre et Louis commentaient hier soir en s'en moquant ostensiblement, au dortoir, ce que je venais de dire à l'étude et encore une fois à quoi je tiens de toute mon âme.

Je vous aurais parlé autrement ce matin si j'avais su cela qui passe la mesure et confirme à l'évidence que, de notre point de vue comme du vôtre, il convient qu'ils cherchent où ils pourront être Français à leur façon !

Mourir sans avoir aimé...

Issue d'une vieille famille bourgeoise lyonnaise, Denise Domenach entre dans la Résistance en 1940, à l'âge de 16 ans, sous le nom de Duplessys. Pendant toute la guerre elle rédige son journal intime sur des cahiers d'écolier qui parlent de tout sauf de sa résistance, au cas où ils tomberaient entre des mains ennemies...

Mardi 27 janvier 1942

Le cardinal Gerlier a fait un appel pour que les gens ne dansent plus parce que la danse est une insulte à la souffrance et à la douleur. Mademoiselle Marie-Louise Belmont, la grande directrice qu'on ne voit jamais, m'a fait appeler ; elle voulait que j'use de l'influence que j'ai sur mes camarades pour leur dire de ne plus aller danser. Je me suis débattue et j'ai plaidé notre cause avec tant de chaleur qu'elle a fini par autoriser les leçons de danse mais pas les sauteries. De toute façon je ne vois pas bien de quoi ils se mêlent. Il y a des choses plus urgentes à dire et à faire pour la France et pour ceux qui souffrent. Et puis il y a déjà assez de choses qui nous gâchent la vie sans qu'on vienne encore en rajouter. Quelquefois je me dis que si la guerre continue encore longtemps je vais en mourir sans avoir vécu, sans avoir aimé. Vendredi dernier il a fait –17°. On ne trouve plus de légumes et tout le monde pense qu'on va crever de faim et de froid. Mes parents sont contre le marché noir mais Maman fait du troc avec les tickets de tabac. Dans beaucoup de familles chacun a son sac à pain avec sa ration, mais chez nous Papa n'a pas voulu. Il nous a dit que c'était à chacun de se restreindre et que c'est comme ça qu'on apprend la fraternité. Il est furieux que Pétain ait changé la devise de la République. Il trouve que « Travail, Famille, Patrie » c'est mesquin. Il a bien raison.

Denise DOMENACH
Une jeune fille libre

Refuge provisoire

Chez nous, la guerre n'éclate pas. Elle s'installe silencieusement comme la première neige d'hiver. Les bruits de la vie s'assourdissent, le paysage se transforme, sous l'occupation bonasse des troupes italiennes.

Nous habitons Gap, dans les Hautes-Alpes, grosse bourgade parfaitement sinistre avec ses façades grisâtres d'où les intempéries emportent des plaques successives, comme une pelade. Notre maison borde la ville. C'est un petit immeuble traditionnel de deux étages avec balcon de bois donnant sur les jardins potagers périphériques. Mes parents y tiennent une pension de famille pour quelques lycéens des alentours en proie aux affres du bachot. Je les retrouve pour le repas du soir, dans la grande salle à manger. Celle-ci accueille aussi les réunions dominicales d'un groupe de chrétiens de gauche, emmené par un jeune curé. Les discussions pétulantes des uns, fiévreuses des autres m'offrent mes premières expériences de sujet parlant.

Les chrétiens de gauche parlent politique. Entre la résistance et Vichy, mes parents ne choisissent pas vraiment. La maison le fait pour eux. Elle devient un relais des maquis.

Des gens logent chez nous pour quelques heures ou quelques jours, puis ils disparaissent, la nuit de préférence, par les jardins potagers. Ils traversent notre jardin, sautent le mur limite et le canal d'arrosage, franchissent une seconde bande de jardins puis disparaissent sous les frondaisons pour gagner l'ailleurs. Le principal péril réside dans la cage d'escalier. Il faut descendre de notre second étage par des marches de bois grinçant, passer au premier palier devant la porte des parents de Mimile que l'on suppose de notre bord, ou du moins, trop prudent pour risquer de nous faire du tort puis, au rez-de-chaussée sur le dallage silencieux, longer l'appartement des D., réputés collabos. Il n'est pas possible qu'ils n'aient pas repéré les allées et venues de certains de nos hôtes.

La peur et la méfiance montent d'un cran. À rebours, les températures hivernales descendent. Avec les restrictions sur les combustibles, nos maisons sont aussi froides que des igloos. Au matin, après une nuit sans chauffage, les vitres sont couvertes de glace à l'intérieur et l'eau gèle dans les tuyaux. Les gens se recroquevillent…

Christian BONNET

Je servirai de cible

Linguiste et ethnologue né à Saint-Pétersbourg, naturalisé français en 1936, directeur de la section des peuples polaires au musée de l'Homme, Boris Vildé est fait prisonnier dans les Ardennes en juin 1940. Il s'évade et regagne Paris où il constitue dès juillet le futur réseau du musée de l'Homme. Arrêté par la Gestapo le 26 mars 1941, emprisonné à la Santé puis à Fresnes, Boris Vildé est fusillé au Mont-Valérien le 23 février 1942, juste après avoir écrit sa toute dernière lettre pour son épouse Irène Lot.

Prison de Fresnes (Seine) — 23 février 1942

Pardonnez-moi de vous avoir trompée. Quand je suis redescendu pour vous embrasser encore une fois, je savais déjà que c'était pour aujourd'hui. Pour dire la vérité, je suis fier de mon mensonge, vous avez pu constater que je ne tremblais pas et que je souriais comme d'habitude. Ainsi, j'entre dans la mort en souriant, comme dans une nouvelle aventure, avec quelques regrets, mais sans remords, ni peur.

À vrai dire, je suis déjà tellement engagé sur le chemin de la mort que le retour à la vie me paraît de toute façon trop difficile, sinon impossible.

Ma chérie, pensez à moi comme à un vivant, non comme à un mort.

Je suis sans crainte pour vous, un jour viendra où vous n'aurez plus besoin de moi, ni de mes lettres, ni de ma présence. Ce jour-là, vous m'aurez rejoint dans l'éternité, dans le vrai amour. Jusqu'à ce jour, ma présence spirituelle, la seule vraie, vous accompagnera partout.

Vous savez combien j'aime vos parents, qui sont devenus mes parents. C'est à travers des Français comme eux que j'ai appris à connaître et à aimer la France, ma France. Que ma fin soit pour eux plutôt un orgueil qu'un chagrin.

Tâchez d'adoucir la nouvelle de ma mort à ma mère et à ma sœur. J'ai pensé souvent à elles et à mon enfance.

Dites à tous les amis mes remerciements et mon affection.

Il ne faut pas que ma mort soit un prétexte à une haine contre l'Allemagne. J'avais agi pour la France, mais non contre les Allemands. Ils font leur devoir comme nous avons fait le nôtre. Qu'on rende justice à notre souvenir après la guerre, cela suffit. D'ailleurs nos camarades du musée de l'Homme ne nous oublieront pas.

Ma chérie, je revois votre visage souriant. Tâchez de sourire en recevant cette lettre comme je souris moi-même en l'écrivant. (Je viens de me regarder dans la glace, j'y ai trouvé mon visage ordinaire.) Il me vient à l'esprit le quatrain que j'ai composé il y a quelques semaines :

Comme toujours impassible
Et courageux inutilement
Je servirai de cible
Aux douze fusils allemands.

En vérité, j'ai peu de mérite à être courageux. La mort est pour moi la réalisation du grand amour, l'entrée dans la vraie réalité. Sur la terre vous en représentiez pour moi une autre possibilité. Soyez-en fière.

Gardez en dernier souvenir mon alliance [quelques mots censurés].

Il est beau de mourir complètement sain et lucide, en possession de toutes ses facultés spirituelles, assurément c'est une mort à ma mesure, qui vaut mieux que de tomber à l'improviste sur un champ de bataille ou de partir lentement rongé par la maladie.

Je crois que c'est tout ce que j'avais à dire. D'ailleurs, bientôt il est temps. J'ai entrevu quelques-uns de mes camarades. Ils sont bien. Cela me fait plaisir.

[Quelques mots censurés.] Une immense tendresse monte vers vous du fond de mon âme. Ne regrettons pas le pauvre bonheur. C'est si peu de chose auprès de notre joie. Comme tout est clair. L'éternel soleil de l'amour monte de l'abîme de la mort. Je suis prêt, j'y vais.

Je vous quitte pour vous retrouver dans l'éternité.

Je bénis la vie qui m'a comblé de ces présents.

Votre Boris

L'amour du prisonnier de guerre

Joseph et Lyne vivent à Paris en 1939. Joseph est représentant de commerce. Leur fils Jean-Michel a 5 ans. Au terme de la bataille de France, Joseph est prisonnier de guerre dans un stalag autrichien. Lyne et Jean-Michel vont porter l'étoile jaune mais échapperont aux rafles… Joseph reviendra de son stalag en juin 1945…

Le 23 février 1942

Ma Lyne chérie,

La troisième année de notre séparation approche de sa fin. Déjà trois ans ! Tu ne peux t'imaginer comme la séparation et la captivité changent un homme, moralement et physiquement. C'est un être nouveau que tu recevras, que tu reverras en d'autres lieux que chez nous. C'est peut-être aussi une femme nouvelle que je retrouverai. Ne crains rien, chérie, j'entrerai doucement, sans bruit, pour ne pas troubler tes nouvelles habitudes. Il m'appartiendra de me laisser guider, d'écouter tes conseils, toi aussi tu auras souffert. Si tout rentre dans l'ordre, tu sauras me faire oublier cette pénible aventure, tu auras le souci de me faire revivre les joies du foyer et de me donner l'illusion que cette absence ne fut qu'un mauvais rêve…

Joseph

Pour assurer un monde meilleur

Tony Bloncourt est né en Haïti. Venu à Paris en 1938 pour y poursuivre des études de médecine, il entre dans la Résistance à 19 ans. Arrêté le 6 janvier 1942, il est livré aux Allemands par la police française. Le 9 mars 1942, quelques jours après son vingt et unième anniversaire, Tony est exécuté au Mont-Valérien avec six autres étudiants au terme d'un procès expéditif et très médiatisé organisé au Palais-Bourbon.

Paris – Prison de la Santé – 9 mars 1942

Maman, Papa chéris,

Vous saurez la terrible nouvelle déjà, quand vous recevrez ma lettre. Je meurs avec courage. Je ne tremble pas devant la mort. Ce que j'ai fait, je ne le regrette pas si cela a pu servir mon pays et la liberté !

Je regrette profondément de quitter la vie car je me sentais capable d'être utile. Toute ma volonté a été tendue pour assurer un monde meilleur. J'ai compris combien la structure sociale actuelle est monstrueusement injuste. J'ai compris que la liberté de vivre, ce que l'on pense, n'est qu'un mot et j'ai voulu que ça change. C'est pourquoi je meurs pour la cause du socialisme.

J'ai la certitude que le monde de demain sera meilleur, plus juste, que les humbles et les petits auront le droit de vivre plus dignement, plus humainement. Je garde la certitude que le monde capitaliste sera écrasé. Que l'ignoble exploitation cessera. Pour cette cause sacrée, il m'est moins dur de donner ma vie.

Je suis sûr que vous me comprendrez, Papa et Maman chéris, que vous ne me blâmez pas. Soyez forts et courageux. Vous me sentirez revivre dans l'œuvre dont j'ai été l'un des pionniers.

Mon cœur est plein de tendresse pour vous, il déborde d'amour. Je vois toutes les phases de cette enfance si douce que j'ai passée entre vous deux, entre vous trois car je n'oublie pas ma Dédé chérie. Tout mon passé me revient en une foule d'images. Je revois la vieille maison de Jacmel, le petit lycée, les leçons de latin et M. Gousse. Ma pension au petit séminaire et le retour des vacances, mon vieux Coucoute que j'aurais voulu guider à travers la vie et mon petit Gérald.

Je pense à vous de toute ma puissance, jusqu'au bout je vous regarderai. Je pleure ma jeunesse, je ne pleure pas mes actes. Je regrette aussi mes chères études, j'aurais voulu consacrer ma vie à la science.

Que Coucoute continue à bien travailler, qu'il se dise que la plus belle chose qu'un homme puisse faire dans sa vie, c'est d'être utile à quelque chose. Que sa vie ne soit pas égoïste, qu'il la donne à ses semblables quelle que soit leur race, quelles que soient leurs opinions. S'il a la vocation des sciences qu'il continue l'œuvre que j'avais commencé d'entreprendre ; qu'il s'intéresse à la physique et aux immortelles théories d'Einstein, dont il comprendra plus tard l'immense portée philosophique. Que mon petit Gérald, lui aussi, travaille bien et arrive à quelque chose. Qu'il soit toujours un honnête homme.

Maman chérie, je t'aime comme jamais je ne t'ai aimée. Je sens maintenant tout le prix de l'œuvre que tu as entreprise en Haïti, continue d'éduquer ces pauvres petits Haïtiens. Donner de l'instruction à ses semblables est la plus noble tâche ! Papa chéri, toi qui es un homme et un homme fort, console Maman, sois toujours très bon pour elle en souvenir de moi. Maman Dédé chérie, tu as la même place dans mon cœur que Maman. Tous, vivez en paix et pensez bien à moi. Je vous embrasse tous bien fort comme je vous aime. Tout ce que j'ai comme puissance d'amour en moi passe en vous. Papa, sois fort. Maman, je te supplie d'être courageuse. Maman Dédé, toi aussi. Mon vieux Coucoute et mon vieux Gérald, je vous embrasse bien, bien fort. Il faut aussi embrasser maman Tata bien fort. Pensez à moi. Adieu !

Votre petit Toto

J'aurais tant voulu te voir grandir

Professeur de mathématiques au lycée de Tonnerre, époux d'une institutrice communiste révoquée en décembre 1940, Abel Minard devient, un an plus tard, responsable de secteur du Front national, organisation de résistance créée par le parti communiste clandestin. Parallèlement, il fait partie des services secrets de la France libre. Arrêté le 5 mars 1942 par la Gestapo, il est fusillé comme otage le 25 avril 1942.

Auxerre, le 24 avril 1942

Ma chère petite Thérèse

En recevant et en ouvrant ces lettres, tu verras pleurer ta chère maman, ta grand-mère et Odette, car elles apprendront que tu n'as plus de papa. Ma chère petite fille, prends-les dans tes bras et embrasse-les bien fort, ouvre-leur très grand tes bras et, en pleurant avec elles, console-les. Je t'écris pour la dernière fois, devant ta photographie, au dos de laquelle je lis : Ta petite fille qui t'aime et qui t'embrasse de tout son cœur. Oui, je sais que tu m'aimes bien fort, et moi aussi je t'aime, tu ne peux savoir combien. Tu le sauras seulement quand tu seras grande et que tu auras une petite fille. Je t'ai souvent grondée et parfois corrigée ; je ne cessais pour cela de t'aimer. Et je t'aime encore plus ce soir alors que je vais vous quitter. Je voudrais, ma Thérèse tant chérie, te donner quelques conseils que ton bon petit cœur voudra suivre. Je voudrais d'abord qu'en pleurant ton papa, tu consoles ta maman, ta grand-mère et Odette. Je voudrais que tu adoucisses le grand chagrin qu'elles vont avoir, en étant toujours raisonnable, docile et obéissante. Tu ne sais pas que ta maman et moi, nous avons été souvent bien tristes quand tu n'étais pas sage, quand tu avais désobéi et quand tu avais été la cause de quelque scène à la maison. Eh bien, ma grosse Poulette, il faudra désormais être pour ta maman la petite fille qui console par sa présence, qui rende moins douloureuse la perte du papa par sa gentillesse et ses prévenances. Si maman te met à l'école, aie à cœur de travailler en souvenir de ton papa qui a toujours été un bon élève, et pour faire plaisir à ta maman et à ta grand-mère, ainsi qu'à Odette. Si maman te conserve à la maison, écoute bien ce qu'elle t'enseignera et ne lui impose pas de fatigue inutile.

Il faut que tu travailles maintenant, car la vie ne te sera pas si douce qu'elle l'a été jusqu'ici et dans quelques années tu seras obligée peut-être de gagner ta vie. C'est à l'école que tu dois commencer à être une grande fille et à prendre de bonnes résolutions. À la maison, tu devras aider maman ; ta grand-mère est vieille et souvent malportante, ta tante Odette malade. Si maman doit faire tout le travail de la maison, sa santé n'y résistera pas et tu pourrais peut-être la perdre à son tour. Viens-lui donc en aide, à la maison, au jardin ; fais tout ce que tu pourras. Je suis sûr que tu n'y manqueras pas. Suis bien les conseils de ta maman. Tu as la meilleure des mamans, et elle a été pour moi la meilleure des femmes. Tu sais déjà que jamais nous ne nous sommes disputés. Nous avons vécu quatorze ans d'union parfaite. Quand plus tard tu te marieras, je te le souhaite, songe à ce que ta maman était pour moi, suis son exemple et tu rendras heureux celui que tu auras choisi. Quelques jours avant mon arrestation, tu disais : Maman est perdue quand elle n'a plus son petit homme. Elle le perd pour toujours : tâche, ma chérie, de la consoler par tout ton amour et toute ta bonne volonté. J'ai confiance en toi et je puis m'en aller en disant que je laisse à ta maman une petite fille qui la consolera par son amour et sa sagesse. Aime-la bien ; elle a perdu ton papa et c'est la pire des souffrances. Embrasse-la fort, fort ; je ne puis le faire et j'en souffre tant. Je t'embrasse, Thérèse, ma chère petite fille, ma jolie, ma joie, ma petite chérie. Tu me porteras des fleurs, je les aimais bien. Je t'embrasse encore. Sois comme j'étais à ton âge ; aime bien le pays, la maison. En ce moment tu dors près de ta maman dans notre chambre, je t'embrasse, ma douce fille ; j'aurais tant voulu te voir grandir en sagesse et en beauté. Adieu, ma Thérèse, et n'oublie pas ce que je t'écris. Je t'embrasse encore, ma petite fille chérie. Ton papa qui t'aime tant encore, encore.

A. MINARD

Le port de l'étoile et le temps des rafles

Je ne voulais pas porter l'étoile, mais j'ai fini par le faire, trouvant lâche ma résistance. Il y a eu d'abord deux petites filles avenue de La Bourdonnais qui m'ont montrée du doigt. Puis, au métro à l'École militaire (quand je suis descendue, une dame m'a dit : « Bonjour, mademoiselle »), le contrôleur m'a dit « Dernière voiture ». Alors, c'était vrai le bruit qui avait couru hier. Cela a été comme la brusque réalisation d'un mauvais rêve. Le métro arrivait, je suis montée dans la première voiture. Au changement, j'ai pris la dernière. Il n'y avait pas d'insignes. Mais rétrospectivement, des larmes de douleur et de révolte ont jailli à mes yeux, j'étais obligée de fixer quelque chose pour qu'elles rentrent. Je suis arrivée dans la grande cour de la Sorbonne à deux heures tapantes. J'ai souffert, là, au milieu de tous mes camarades. Il me semblait brusquement que je n'étais plus moi-même, que tout était changé, que j'étais devenue étrangère, comme si j'étais en plein dans un cauchemar. Je voyais autour de moi des figures connues, mais je sentais leur peine et leur stupeur à tous. C'était comme si j'avais eu une marque au fer rouge sur le front. J'étais naturelle, superficiellement. Mais je vivais un cauchemar.

Hélène BERR
Journal, 1942-1944

Juin 1942 ; Paris ; petit lycée Victor-Duruy qui accueille des garçons dans les petites classes de ce lycée de filles. J'ai sept ans. Fin d'après-midi au cours de l'étude surveillée. Nous sommes sages. Ma voisine, une fillette de mon âge, assise à ma droite. Je la vois. Je la sens fort occupée. Soudain elle éclate en sanglots. Elle a terminé son ouvrage. Elle vient de découdre l'étoile jaune qu'elle porte sur un pull-over. La malheureuse enfant n'a pas prévu que la couleur de son vêtement a passé, laissant apparaître l'empreinte révélatrice, dénonciatrice de cette funeste étoile. Elle en a une si grande appréciation que sa peur éclate en ces larmes de crainte et de douleur. La maîtresse d'études lève son regard vers nous, lui fait signe d'approcher, ouvre un tiroir de son bureau, en sort un nécessaire de couture et recoud l'étoile jaune, comme une maman. L'émotion pèse sur moi. Je suis bien incapable de m'exprimer sur la question juive. J'ai pourtant conscience qu'une affaire grave se déroule devant moi.

Jacques PARAIRE

Éternellement sur ton cœur

Engagé volontaire à 18 ans pour la durée de la guerre, démobilisé le 8 août 1940, l'aviateur Jacques Dreyfus est arrêté lors d'une rafle place de la République à Paris le 21 août 1941. Jacques est interné à Drancy sous le numéro de matricule 2316, et déporté vers Auschwitz le 22 juin 1942. Il y meurt le 18 février 1943 à 22 ans.

Drancy, le 20 juin 1942

Ma petite maman adorée, surtout beaucoup de courage. Ton petit fiston est très courageux et je pars ma petite maman je pars et j'ai un moral de fer. Je suis sur la dernière liste composée uniquement d'anciens combattants. Malgré tout j'espérais. Mais mon acte de m'être engagé n'a pas été suffisant. Alors tant pis. Je suis prêt, c'est le principal. Ma petite mère adorée, surtout ce que je demande est plus difficile que je n'ai pu te demander jamais. C'est d'être très courageuse pendant mon séjour. Tu resteras bien longtemps sans avoir de mes nouvelles. Tu seras courageuse. Tu seras optimiste. Bientôt nous nous reverrons. Alors vous me gâterez et vous retrouverez votre petit Jacques. Replie-toi sur Jacqueline, elle est adorable et il faut la gâter ; je vous rejoindrai bientôt. J'en aurai des choses à te raconter. Ma petite mère chérie, tu sauras par M. C. que j'ai été toujours très courageux et que je le serai plus que jamais. Je sais ce n'est pas drôle où je vais. Ce n'est pas facile mais travailler n'a jamais tué un homme et nous partons travailler j'en suis sûr. Ma petite maman chérie, pense et regarde ma petite étoile à neuf heures tous les soirs, je la regarderai de mon côté. Elle me transportera vers vous. Regardez-la bien. Elle me portera tout de même bonheur un jour. Écris un petit mot à Renée, fais de la publicité que l'on sache à quoi ils sont bons. Mais pas de bêtises. Je veux te retrouver en bonne santé quand je reviendrai. Je veux vous retrouver tels que vous avez toujours été pour moi, toi une petite mère adorable qui m'a gâté, qui m'a soigné. Mais qui recommencera à le faire. Surtout et je répète, je veux te retrouver telle que je te laisse. Je suis sûr de mon retour. Aussi de votre part espérez comme moi. Il n'y a rien de tel. Ma petite mère, fais aussi que papa parte. Il n'a rien à gagner ici. Il y a aussi les anciens combattants 14/18. Qu'il parte, je serai plus allégé de ce poids que de le savoir ici. Il n'a pas voulu me faire ce plaisir lorsque j'étais ici qu'il me le fasse maintenant. Au moins je serai parti avec un poids en moins. Tant pis. Ma petite mère chérie, je suis obligé de me précipiter. Tu sais, prévenu au dernier moment je suis obligé de te dire que je suis super courageux. Je ne trouve pas mes paroles pour te le dire mais l'énervement n'y est pour rien. Ma petite maman, j'en aurai des choses à te raconter. Pour le moment ce que je peux te dire c'est que je vais aller me faire raser les cheveux. Tu me verras d'ailleurs au retour en même temps que tous les prisonniers de guerre car nous allons vers le même chemin. Alors ma petite mère, l'heure des adieux arrive. Ton petit, tout petit Jacques va aller se poser éternellement sur ton cœur et il ne se relèvera que le jour où tu le verras apparaître sur le pas de ta porte. Viens vers moi, ma petite maman chérie, ma petite maman, bien souvent je t'appellerai car c'est toujours maman que l'on appelle aux moments critiques. Je viens me poser sur ton cœur. Je t'aime, je pense à toi, tu es ma petite maman adorée. Tu me reverras, un gentil petit fiston. Je n'ai pas assez de place pour t'embrasser. Je t'embrasse ma petite maman très, très beaucoup beaucoup et tendrement

ton fils qui t'aime

Jacques

Contre le STO...

En juin 1942, Pierre Laval annonce aux Français qu'ils doivent accepter d'aller travailler en Allemagne pour avancer la libération des prisonniers et permettre à la France de « trouver sa place dans la nouvelle Europe ». Emporté par son désir de complaire aux occupants, le chef du gouvernement s'écrie : « Je souhaite la victoire de l'Allemagne parce que, sans elle, le bolchevisme s'installerait partout ! » Le mardi 23 juin 1942, un speaker lit au micro de la BBC un texte que Léopold Hulot, jeune instituteur français qui débarquera le 6 juin 1944 avec le commando Kieffer, vient d'écrire à l'intention de tous les instituteurs de France...

Il y a un an à cette époque, j'étais encore parmi vous. J'ai quitté votre armée silencieuse en juillet 1941. Le 5 juin dernier, j'ai pu enfin, après trois cent seize jours de voyage, signer mon engagement dans la France libre. Je pense maintenant à vous, chers amis instituteurs, qui, sous l'Occupation, n'avez plus le droit d'enseigner à vos élèves la vraie histoire de France. Vous saviez où j'allais, vous m'avez approuvé, et je me souviens encore de vos dernières paroles : « Surtout, ne revenez qu'avec la victoire ! »

M'entendez-vous, Joseph et Jean-Baptiste ? Conservez votre excellent moral ; j'ai beaucoup parlé de vous ici. J'ai expliqué comment, par vos paroles, vos exemples, votre attitude même, vous montrez à vos élèves la conduite qu'ils doivent prendre dans les temps tragiques que la patrie traverse.

Vous, instituteurs libres ou laïques qui, bannissant vos anciennes querelles, avez remplacé le mot « politique » par le mot « patriotisme », vous formez les cadres de la nouvelle France ; vous êtes les premiers à transmettre à vos élèves le patrimoine de science et de gloire qui rend ces petits enfants fiers d'être français. De vos classes, installées dans des greniers ou dans des locaux improvisés, parce que le boche a réquisitionné vos écoles, sortiront des enfants destinés à écrire les premières lignes d'un nouveau chapitre de l'histoire de France. Rendez-les dignes de cet honneur.

Quelle magnifique mission vous avez, chers amis, et quel travail formidable vous pouvez accomplir pour le redressement de la France ! J'ai eu l'honneur de parler en particulier au général de Gaulle. Il compte beaucoup sur vous, je lui ai dit que ses espoirs ne seraient pas déçus.

[...] Dans chaque classe de France, vous êtes, maîtres et maîtresses, nos représentants, nos avant-gardes. Nous sommes ici pour la lutte et nous acceptons d'avance le sacrifice, mais nous voulons que la jeunesse qui est entre vos mains soit digne de vivre dans la patrie neuve, régénérée et forte que nous leur préparons.

Nous n'acceptons pas que les enfants de zone dite non occupée soient endormis dans le sommeil trompeur de la fausse Révolution nationale.

Nous ne voulons pas qu'on les embrigade au service de l'Allemagne en dissimulant la collaboration sous les plis du drapeau tricolore. Nous condamnons ceux qui osent apprendre à nos enfants à faire le salut hitlérien en criant Vive Pétain.

Professeurs, instituteurs de France, courage ! Nos deux armées feront bientôt la jonction !

Léopold Hulot

Georges FLEURY
Les Français du jour J

La veille du départ

Convoqué en mai 1941 à la préfecture de Police de Paris pour une vérification de papiers, Charles Minczeles a été envoyé au camp de Pithiviers puis déporté à Auschwitz le 17 juillet 1942, laissant derrière lui sa femme et ses deux fils…

Pithiviers, le 16 juillet 1942

Ma chère petite femme et mes chers enfants

On est venu nous dire que nous partons aujourd'hui pour l'Est et pas en Sologne comme il a été dit d'abord donc je pars aujourd'hui même peut-être nous nous reverrons en Pologne. Ne crains rien ma chérie on ne tuera pas tant de monde. Veillez sur les enfants et si on te renvoie aussi après 20 ans de présence avec les Français que nous avons ces enfants, eh bien nous refonderons notre foyer ailleurs. Je te prie de ne pas pleurer sur notre sort. Sois courageuse, nous sommes encore jeunes. Je t'embrasse bien fort avec les enfants

Votre Ch Minczeles

Mon cher Henri

Si je t'écris maintenant c'est pour te dire adieu et te demander d'être courageux même si on te prend aussi n'ai pas peur la guerre ne durera pas toujours et nous nous reverrons et je t'embrasse bien fort ton père

CH

Mon cher Roger

Je t'ai toujours admiré parce que tu es un as et tu viens de mériter la bourse, au revoir mon chéri je t'embrasse bien fort.

Votre père
Ch MINCZELES

Les rafles

Dans le quartier de Mlle Monsaingeon, une famille entière, père, mère et cinq enfants se sont suicidés au gaz pour échapper à la rafle. Une femme s'est jetée par la fenêtre. Plusieurs agents ont été, paraît-il, fusillés pour avoir prévenu les gens de s'enfuir. On les a menacés de camp de concentration s'ils n'obéissaient pas. Qui va nourrir les internés de Drancy, maintenant que leurs femmes sont arrêtées ? Les petits ne retrouveront jamais leurs parents. Quelles sont les conséquences lointaines de cette chose arrivée avant-hier soir, au petit jour ? La cousine de Margot, partie la semaine dernière, et dont nous savions qu'elle avait échoué dans sa tentative, a été prise à la ligne [de démarcation], jetée en prison ; après que l'on eut interrogé son fils de 11 ans pendant des heures pour obtenir l'aveu qu'elle était juive ; elle a le diabète, au bout de quatre jours elle est morte. C'est fini.

Lorsqu'elle était dans le coma, la sœur de la prison l'a fait transporter à l'hôpital, il était trop tard. Dans le métro, j'ai rencontré Mme Baur, toujours superbe. Mais elle était très abattue. Elle ne m'a pas reconnue tout de suite. Elle avait l'air étonnée que nous soyons là. J'ai toujours envie d'être fière lorsque je réponds à cela. Elle m'a dit que nous aurions beaucoup à faire rue de Téhéran. Elle ne m'a pas caché non plus que le tour des Françaises allait venir. Lorsqu'elle m'a parlé d'Odile, il m'a semblé que c'était infiniment loin. Mais s'il faut partir, partir et quitter la lutte, l'héroïsme pour trouver la platitude, l'affalement. Non, je ferai quelque chose. Le peuple est admirable. Il paraît qu'il y avait beaucoup de petites ouvrières qui vivaient avec des israélites. Elles viennent toutes demander à se marier, pour éviter à leurs maris la déportation. Et puis il y a la sympathie des gens dans la rue, dans le métro. Il y a le bon regard des hommes et des femmes, qui vous remplit le cœur d'un sentiment inexprimable. Il y a la conscience d'être supérieur aux brutes qui vous font souffrir, et d'être unis avec les vrais hommes et les vraies femmes. Plus les malheurs s'amassent, plus ce lien s'approfondit. Il n'est plus question de distinctions superficielles de race, de religion, ni de rang social.

Hélène BERR
Journal, 1942-1944
op. cit.

Au pilori

14 juillet 1942. Une nouvelle merveilleuse parcourt les rues de Paris. Les chroniques parlées de radio et télévision nationales nous en ont informés : le dernier juif vient de mourir. Ainsi, c'en est donc fini avec cette race abjecte dont le dernier représentant vivait, depuis sa naissance, à

l'ancien zoo du bois de Vincennes, dans une tanière spécialement réservée à son usage et où nos enfants pouvaient le voir s'ébattre en un semblant de liberté, non pour le plaisir des yeux, mais pour leur édification morale. Il est mort ! Dans le fond, c'est mieux ainsi. J'avais personnellement toujours peur qu'il ne s'évade, et Dieu sait tout le mal que peut faire un juif en liberté. Il restait seul, soit, depuis la mort de sa compagne, laquelle par bonheur était stérile, mais, avec cette engeance, on ne sait jamais. Il faudra que j'aille au zoo pour m'assurer de la véracité de la nouvelle.

Jacques BOURREAU
Le Pilori
23 juillet 1942

La terreur

Jeanne Oudot commence son journal le 1er septembre 1939 et l'achève en juillet 1945. Elle utilise de petits cahiers verts, « le vert de l'espérance ». En 1942, Jeanne a 19 ans. Fille du maire de Mancenans, un bourg de trois cents habitants situé à trente kilomètres de Belfort, catholique convaincue, patriote, elle arrive à suivre l'actualité avec une incroyable lucidité.

25 juillet 1942 – Samedi

À Paris, ils ont emmené quarante mille juifs. Les hommes d'un côté, les femmes dans un camp de concentration et les enfants ailleurs. Il paraît que c'était désolant. Je veux bien le croire. Pauvres gens ! On n'a rien vu dans les journaux, mais c'est les Parisiens qui l'ont écrit. À Belfort cela a été pareil, mais ils ont laissé les enfants au milieu de la rue. Les juifs sont persécutés. En Tchécoslovaquie sept cent cinquante mille ont été fusillés, c'est Londres qui l'a dit. Hitler veut la disparition de la race, sans doute va-t-il tous les tuer.

Dans un village où il y avait eu un attentat contre les Allemands, tous les hommes furent tués, les femmes emmenées dans des camps de concentration et les enfants dans des maisons spéciales.

C'est un peu comme le régime de la terreur.

Journal de Jeanne OUDOT
Les cahiers verts : journal de l'espérance (1939-1945)

La fuite

Juillet 1942. À 26 ans, Charlotte est enceinte. Cette jolie Parisienne qui porte l'étoile jaune doit fuir les rafles avec sa sœur Rachel, sa nièce Raymonde, son neveu Albert et son fils Jacques. Les hommes de la famille sont partis en éclaireur : ils ont fui en juin pour traverser l'Allier à la nage.

Nous prenons l'autocar Citroën à la Bastille à Paris pour aller nous réfugier en zone libre, en ayant pris soin avant de partir de découdre minutieusement l'étoile jaune, qui fait tache, sur nos vêtements dans les toilettes d'un café.

Le voyage est éprouvant ; nous descendons après Moulins, avec peu de bagages ; la nuit tombe, l'arrêt est en dehors d'un village sur une petite route de campagne ; un passeur moyennant finance est au rendez-vous ; il nous indique rapidement notre itinéraire ; nous faisons 6 kilomètres à pied. En silence, ; marche ; arrêt. Il fait chaud, très chaud ; nous repartons ; nous nous arrêtons encore ; pour boire, pour nous reposer, pour souffler, la peur au ventre de nous faire prendre, dénoncer peut-être… mon ventre très arrondi me pèse.

Nous arrivons sur les bords de l'Allier, dans un taillis, derrière des roseaux ; nous nous asseyons, pour reprendre souffle, et nous organiser afin de traverser le fleuve sans nous faire repérer. La pleine lune éclaire la campagne ; nous nous entassons, les femmes et les enfants, dans une barque avec le passeur ; tout le monde est aux aguets, en silence ; on n'entend que le clapotis de l'eau sur les rames, une grenouille qui coasse, le hululement d'un hibou ; des gouttes de sueur perlent sur les fronts et sur les tempes ; est-ce la chaleur ou l'angoisse...

L'autre rive n'est plus très loin !... Soudain un bruit, le passeur s'arrête de ramer, tout le monde retient son souffle, le cœur s'affole, on est en arrêt, personne ne dit mot, en attente, les regards se croisent, s'interrogent ; mon fils Jacques a deux ans ; il est assis tout près de moi ; il a peur ; le doigt sur la bouche je murmure, chut pas de bruit, silence !... Mon chéri, maman est là !... le temps s'est arrêté et paraît si long...

Il fait chaud, c'est une belle nuit d'été, et pourtant on tremble... vite il faut sortir de l'eau, la lune nous éclaire un peu trop... la barque est stoppée sur un banc de sable, tout le monde descend et court se cacher dans les bois, on s'assoit, on attend ; il va falloir marcher, en forêt et se frayer un chemin.

Je me tiens les reins ; mon ventre me tire ; la fatigue ; la peur ; je suis enceinte et j'ai du mal à marcher. Nous n'avons pas le choix ; il faut continuer... pour fuir !

Après un temps d'arrêt, on repart en file indienne, sur un sentier en forêt, la route est plus haut, et nous éloigne du danger, on marche, on s'accroupit, on avance en se tordant les chevilles sur les pierres, on n'entend que les bruits de la nuit, et ceux de nos pas feutrés, nos murmures, nos respirations ; nos vêtements s'accrochent aux épines, les ronces griffent nos mollets et nos chevilles, mais tant pis, on marche, on s'arrête et on repart.

Soudain en haut sur la route le vrombissement d'un moteur, le claquement d'une porte, des bruits de voix, des aboiements de chiens, une patrouille de soldats allemands, parlent, crient, des faisceaux lumineux balayent les fourrés, le passeur murmure « à terre !... », tout le monde s'est couché, et attend le signal, il faut ramper pour se mettre à l'abri derrière la haie.

Je me suis allongée sur mon ventre, mon fils à côté de moi, la main sur la bouche de mon enfant, pour qu'il ne pleure pas, ne parle pas, ne crie pas, ne tousse pas... J'ai arrêté de respirer, juste en silence ; mes yeux sont rivés sur le bord de la route, la sueur ruisselle sur mon visage, la joue collée contre terre, le nez sur une feuille, la bouche entrouverte pour laisser sortir mon souffle et ne pas défaillir ; on entend courir, des bruits de bottes, les chiens aboient, ils ne sont pas loin, pourvu qu'ils ne nous reniflent pas, ne nous découvrent pas ; je suis tétanisée. Je pense à mon fils, je pense au deuxième enfant que je vais mettre au monde. Je pense à mon mari ; je pense à ma famille, je pense à ma pauvre vie. De quoi suis-je coupable ? Tout simplement d'être juive !...

Charlotte

L'infiltré

Roger Belbeoch est un postier qui n'a pas réussi à gagner l'Angleterre en 1940 et qui s'infiltre dans la police. Après avoir facilité des évasions pendant les rafles de 1942, perdu sa fiancée arrêtée lors de la rafle du Vél' d'Hiv et morte en Allemagne, et perdu son père dans les combats de la Libération, Roger a été nommé Juste devant les Nations en 1985.

Les gens racontent qu'on arrête les juifs pour les faire travailler… Ils mentent ou ils sont dans l'ignorance. Nous savons nous que tous les juifs, tous les francs-maçons, tous les communistes qui partent en Allemagne ne reviendront pas. Je les incite à partir pour une raison ou une autre, et s'ils n'ont pas de solution, je propose d'en trouver… Je travaille dans un commissariat de police du 12e arrondissement à Paris, rue du Rendez-vous : le commissariat de police du quartier Bel-Air. Je suis venu dans ce commissariat pour faire des faux papiers, des fausses cartes, avoir des renseignements que je transmets à mes camarades de la Résistance, et au rez-de-chaussée au poste de police, pour essayer de noyauter les gardiens de la paix. Il m'arrive d'aller chercher des juifs au moment où ils ont été arrêtés pour les sortir et leur permettre de s'évader. J'ai une amie qui est juive, et qui habite à 200 m de chez moi : Claudine Kaufman. Elle travaille à Maisons-Alfort, dans la biscuiterie Gondolo. Elle est juive mais cela ne joue pas dans nos relations ; on est des amis, c'est tout. Ses parents sont juifs aussi. Au moment de la rafle du Vél' d'Hiv, les policiers viennent à leur domicile pour les arrêter et ils ne trouvent que la mère : ils l'arrêtent et l'emmènent. Le père est vendeur dans une chapellerie. Ils l'arrêtent sur son lieu de travail. Ce sont encore des policiers français qui arrêtent Claudine. Mes collègues « obéissent aux ordres » : toute la question était là « on obéit aux ordres » : on a fait cela car on avait des ordres ! Mais dans des cas comme cela, on désobéit aux ordres, on reste des hommes, on n'est pas des mannequins, on n'est pas des robots. C'est là toute la différence qui existe entre ces gens-là et moi.

Le 2 septembre 1942, mes collègues viennent m'arrêter. J'ai commis l'erreur de fabriquer des vrais faux papiers pour un ami d'un autre réseau de résistance qui voulait venir en aide à un jeune homme juif de 18 ans. Ce jeune homme se fait prendre et 4 policiers du service de répression des Affaires juives viennent m'arrêter au commissariat pour m'emmener au 36, quai des Orfèvres. Là je suis confronté avec le jeune homme pour lequel j'ai fabriqué des faux papiers. Il est dans un état effrayant. Son visage n'est qu'une plaie. Je ne peux m'empêcher d'injurier mes collègues pour ce qu'ils ont fait. Leur patron, le commissaire divisionnaire P., vient me voir : « Vous l'avez gagné, le cocotier, cette fois-ci », me dit-il. Et puis c'est ma fête pendant six jours. Six jours de passage à tabac, pour me faire avouer ; en vain. Grâce aux relations politiques de mon réseau de résistance, on me libère enfin de cet enfer, mais dans quel état : côtes et nez cassés, oreilles décollées, traumatisme crânien... La puissance de mes protecteurs, qui appartiennent à un mouvement de résistance de la haute hiérarchie de la police, empêche que mon dossier ne soit transmis à la police allemande. Après un séjour à l'hôpital Saint-Antoine, et quelque temps de repos en Bretagne, je retrouve mon travail au commissariat du quartier Bel-Air...

Roger

Le mépris de la dignité humaine

Mgr Théas, évêque de Montauban, se singularise dès 1941 en faisant l'éloge du philosophe Henri Bergson et de sa judéité. Il publie sa lettre épiscopale « à ronéotyper d'urgence et à expédier à tous les curés » sept jours après celle de son ami Mgr Saliège. Transmise à bicyclette à tous les prêtres du département, avec la complicité du préfet, elle est ensuite diffusée par Radio Londres. Arrêté le 9 juin 1944 pour avoir signé des dizaines de faux certificats de baptême, Mgr Théas est enfermé à la prison Saint-Michel puis au Front Stalag 122 de Compiègne dont il sera libéré le 24 août 1944.

Montauban, le 26 août 1942

Lettre de Monseigneur l'Évêque de Montauban sur le respect de la personne humaine.

Mes bien chers frères,

Des scènes douloureuses et parfois horribles se déroulent en France, sans que la France en soit responsable. À Paris, par des dizaines de milliers, des juifs ont été traités avec la plus barbare sauvagerie. Et voici que dans nos régions on assiste à un spectacle navrant : des familles sont disloquées ; des hommes et des femmes sont traités comme un vil troupeau, et envoyés vers une destination inconnue, avec la perspective des plus graves dangers.

Je fais entendre la protestation indignée de la conscience chrétienne et je proclame que tous les hommes, aryens ou non aryens, sont frères parce que créés par le même Dieu ; que tous les hommes, quelles que soient leur race ou leur religion, ont droit au respect des individus et des États. Or les mesures antisémites actuelles sont au mépris de la dignité humaine, une violation des droits les plus sacrés de la personne et de la famille. Que Dieu console et fortifie ceux qui sont iniquement persécutés ! Qu'il accorde au monde la paix véritable et durable, fondée sur la justice et la charité !

Pierre Marie
Évêque de Montauban

À lire sans commentaire à toutes les messes dans toutes les églises et chapelles du diocèse le dimanche 30 août 1942.

Étudiantes et résistantes

Chantal et sa sœur Odile sont étudiantes en 1942. Elles habitent Saint-Germain-en-Laye et basculent à 18 ans de la résistance spontanée vers la résistance organisée.

La voie des ondes stimule notre désir d'agir. La radio de Londres diffuse des messages codés : « Nabuchodonosor n'aime pas le chocolat » ou « Pépé veut son violon » ou bien encore « Ne lis pas dans le marc de café ». Nous baignons dans l'atmosphère de cette résistance qui se construit. Nous organisons des réunions clandestines, nous distribuons des tracts ; à la nuit tombante, munies de pots de peinture, nous faisons fleurir sur les places et les murs de notre ville des slogans antiallemands.

Un jour, nous apprenons qu'il serait intéressant de photographier, aux fins de bombardements par les Alliés, des usines de munitions, situées en zones interdites, dans la proche banlieue de Saint-Germain-en-Laye, notre ville.

Au cours de nos « activités », nos bicyclettes ont de précieux auxiliaires. Qui peut se méfier de deux jeunes filles souriantes, se promenant paisiblement sans avoir l'air de porter le moindre intérêt à ce qui les entoure et se tenant suffisamment éloignées du point visé, pour ne pas attirer l'attention ? C'est donc assez facile de faire ce travail à l'aide de nos minuscules appareils. Les films trouvés chez nos parents au cours d'une perquisition vont peser lourd lors de notre procès.

Les actes de résistance démoralisent fortement les troupes, si bien qu'un jour les autorités font entendre que les coupables pris sur le fait seront impitoyablement châtiés. Notre action porte ; nous atteignons notre but, celui de semer le doute dans l'esprit de l'ennemi et de lui faire savoir que la victoire nazie n'est pas acquise, que notre sol est jonché de dynamite : LA RÉSISTANCE. Nous savons aussi que notre engagement n'est pas sans risque.

Le 30 novembre 1942, alors que nous parcourons la ville, nous livrant à la distribution de tracts, quelle n'est pas notre stupéfaction de voir, sortis on ne sait d'où, deux militaires allemands fonçant brusquement sur nous et qui *manu militari* nous conduisent à la maison d'arrêt. Abasourdies, ma sœur et moi-même nous trouvons mêlées à des clochards qui empestent l'alcool en un lieu où nous n'aurions jamais imaginé pouvoir nous trouver un jour. Une odeur rance suinte des murs. En un éclair, notre univers bascule... Jusqu'à ce moment notre engagement était celui de la jeunesse, de l'enthousiasme, de la candeur et d'un seul coup nous prenons conscience que nous vivons le prologue de quelque chose de grave !

C'est l'heure du dîner. Nos parents, inquiets de notre retard, nous attendent. À 21 heures, la sonnette tinte. Deux SS, accompagnés d'un supérieur, se tiennent plantés sur le pas de la porte hurlant : « Gestapo, perquisition. » Sans plus de ménagements, ils entreprennent de fouiller notre grande maison, la mettant à sac. Le moindre placard est passé au peigne fin lorsqu'ils découvrent, bien cachés, un stock de tracts prêts à être distribués et des rouleaux de pellicules de sites interdits.

Que ne donneraient pas nos malheureux parents pour être rendus responsables et prendre la place de leurs deux filles !

De Saint-Germain-en-Laye, nous sommes dirigées vers la prison de Fresnes où nous allons rester deux mois, chacune placée dans une cellule différente.

Chantal BENOIST-LUCY
Novembre 1942
Sortie de l'abîme

5

La répression 1943-1944

1943 est le tournant de la guerre marqué par une radicalisation politique. La défaite allemande de Stalingrad, début février, rend désormais probable une victoire des Alliés. Le 30 janvier, Joseph Darnand fonde la Milice, outil d'une collaboration policière et militaire. Pour remplacer dans les usines d'armements les ouvriers allemands mobilisés, la loi du 16 février est instituée, à la demande du commissaire nazi à la main-d'œuvre Fritz Sauckel, par le chef du gouvernement Pierre Laval. Elle assujettit au Service du travail obligatoire (STO) les hommes nés de 1920 à 1922. Le refus est massif, et, selon les régions, de 10 à 20 % des réfractaires au STO grossissent les rangs des premiers maquis. En janvier 1944, Darnand, dont les hommes ont multiplié les exactions et les tortures contre les maquisards, est secrétaire général au Maintien de l'ordre. Vichy devient un État milicien. Philippe Henriot, secrétaire d'État à l'information, révolutionne la propagande en introduisant le reportage dans le commentaire politique radiodiffusé. Le 29 mars 1944, trois mois avant d'être exécuté par la Résistance, il est au plateau des Glières, dans le Vercors, après l'assaut allemand et prétend interroger les maquisards prisonniers qu'il insulte, usant de la rhétorique fasciste : « J'aurais voulu trouver des hommes. J'ai trouvé des loques. »

*

* *

Le spectre de la déportation

Lundi 22 février 1943

La déportation commence ou plutôt elle continue et s'élargit. On entendait déjà parler de trains qui emmenaient des juifs étrangers, on ne savait pas où et pour faire on ne savait pas quoi, mais on pensait à un genre de travaux forcés. Depuis quelque temps déjà les Allemands nous obligent à un marché odieux : ils forcent des ouvriers français à aller travailler en Allemagne et en contrepartie ils renvoient au compte-gouttes quelques prisonniers. Les patrons sont obligés d'établir une liste de leur personnel de 18 à 50 ans dans laquelle les Allemands choisissent ceux qu'ils veulent déporter pour les faire travailler. Aux Câbles de Lyon, la dernière désignation pour la « Relève » comprenait jusqu'à des pères de deux enfants. Du reste la moitié de ces hommes s'évaporent dans la campagne ou partent en se cachant s'engager en Afrique. Mais maintenant ils ont trouvé quelque chose d'encore plus terrible. Les jeunes gens de 21, 22, 23 ans sont mobilisés pour effectuer le Service obligatoire du travail : service de deux ans et mobilisation immédiate pour partir en Allemagne. Les étudiants sont furieux. Mercredi à midi — le décret a été publié le matin — il y a eu un monôme rue de la République. Les murs de la faculté sont barbouillés de grandes inscriptions en rouge : « Pas un homme pour l'Allemagne », « Unissons-nous contre la déportation ». Les étudiants se réunissent, ils discutent violemment, certains tapent des tracts pour encourager à refuser le départ en Allemagne, d'autres se démènent pour chercher des filières qui permettent de se cacher dans la montagne. Nous vivons sans cesse sous le risque de la mort. Toutes nos décisions nous engagent, c'est à la fois pesant et exaltant. Tu prends la première rue à droite, tu tombes sur une rafle ; tu prends la première rue à gauche, tu reçois une bombe ; sans parler de tout le reste dont nous ne parlerons pas ici. Encore que je doute que quelqu'un même très malintentionné ait le courage de lire toutes les foutaises que j'écris depuis plus de trois ans. Moi-même ça me fait du bien de les écrire mais je ne les relis jamais.

Denise DOMENACH
Une jeune fille libre
op. cit.

Les cinq martyrs du lycée Buffon

En avril 1942, un professeur du lycée Buffon, Raymond Burgard, membre du mouvement de résistance Valmy, est arrêté par l'Abwehr. Ses élèves décident immédiatement de protester. Lucien Legros, Pierre Benoît, Jean-Marie Arthus, Jacques Baudry et Pierre Grelot organisent dans la cour du lycée une manifestation aux cris de : « Libérez Burgard » en chantant « La Marseillaise ». Les cinq amis passent progressivement à la lutte armée. Arrêtés en 1942, ils sont remis aux autorités militaires allemandes. Le 15 octobre 1942, ils sont condamnés à mort. Transférés à la prison de Fresnes, ils poursuivent leur action en tentant de rallier leurs gardiens. Jacques Baudry et Lucien Legros essaient à deux reprises de s'évader mais sont repris et mis aux fers. Le 8 février 1943, vers 11 heures du matin, les cinq de Buffon sont fusillés au stand de tir d'Issy-les-Moulineaux. Leurs corps sont jetés dans une fosse commune du cimetière parisien d'Ivry-sur-Seine.

Maman chérie,

La censure allemande ne me permettant pas de mettre sur mes lettres tout ce que je désirerais te faire savoir, je te fais parvenir ce message que tu ne liras qu'après la Victoire. Je voudrais te dire tout d'abord le chagrin que j'ai de ton malheur, et mon angoisse quand j'ai appris que vous aviez failli être fusillés et que ce n'est qu'à la dernière minute que vous avez été sauvés. Il ne suffisait pas que tu me perdes, il fallait aussi que toute la famille expie le crime d'avoir voulu sauver la Patrie. [...] Je voudrais maintenant te dire, maman chérie, ce qu'a été ma vie depuis le 30 juin. Je suis seul dans une cellule sans soleil, comme la plupart des autres camarades de souffrances et de combat, mourant de faim, sale, à peine à manger, pas de promenade, pas de lecture, souffrant de froid, et depuis le 7 juillet, je porte nuit et jour les menottes derrière le dos. Je serais un bien mauvais Français si je n'avais pu trouver le moyen de les ôter ! Le seul réconfort à tous ces supplices (j'oubliais les coups de nerf de bœuf que j'ai reçus à la Gestapo), c'est la certitude de la victoire (car bien qu'au secret, on réussit à avoir quelques nouvelles) et l'héroïsme des camarades qui partent à la mort en chantant. La France peut être fière d'avoir de tels enfants. J'espère que la patrie reconnaissante saura récompenser votre sacrifice, qui est celui de tant de familles, et qu'elle saura reconstruire tous les foyers détruits par la barbarie impérialiste. J'ai été jugé avec mes camarades le 15 octobre. Cela n'a été qu'une comédie. Nous savions à l'avance quel serait le verdict puisque, pour rien, on condamne à mort. Mon acte d'accusation portait : « propagande antifasciste et contre l'armée d'occupation, port et détention d'armes et de munitions, etc. ». Une seule de toutes ces choses suffisait pour me faire condamner à mort, aussi il n'y avait pas de salut possible. Nous avons tous été condamnés à la peine de mort. Notre attitude devant le tribunal a été digne et noble. Nous avons su imposer le respect à ceux qui assistaient au procès. Les soldats étaient émus, et j'en ai vu un qui pleurait. Pense que nous avions de 17 à 20 ans. Quand, après l'arrêt, le président nous a demandé si nous voulions ajouter quelque chose à nos déclarations, nous avons tous dit notre fierté de mourir pour la Patrie. J'ai moi-même répondu : « Je suis fier de mériter cette peine. » S'il leur restait encore quelques scrupules, ça les leur a enlevés. [...] Je t'embrasse une dernière fois de tout mon cœur, Maman chérie. Je meurs en Français, le front haut, ton nom sur les lèvres, ta pensée dans mon cœur.

Ton petit Pierre

Mes pauvres Parents chéris,

On va m'arracher cette vie que vous m'avez donnée et à laquelle je tenais tant. C'est infiniment dur pour moi et pour vous ! J'ai eu la chance de savoir avant de mourir que vous étiez courageux. Restez-le. Surtout ma petite maman, que j'embrasse de tout mon pauvre cœur. Mes pauvres chéris. J'ai accepté le combat, vous le savez. Je serai courageux jusqu'au bout. La guerre sera bientôt finie. Vous serez quand même heureux dans la paix, un peu grâce à moi. Je veux retourner à Douchy à côté de Pépère et Mémère. J'aurais voulu encore vivre pour vous aimer beaucoup. Hélas, je ne peux pas. La surprise est amère. J'ai eu les journaux. Nous mourons en pleine victoire. Exécution ce matin à 11 heures. Je penserai à vous. À Nicole. Hélas, nos beaux projets d'avenir ! Qu'elle ne m'oublie pas non plus, ni mes Parents. Mais surtout la vie continue pour elle. Qu'elle profite de sa jeunesse. Papa, Maman, mes chéris, qui m'avez tant aimé. Adieu. Je vous étreins bien fort tous trois. Courage. Vivez. Je vous embrasse le plus tendrement pour la vie. Adieu Papa, Maman.

Adieu Nicole. Vive la France !

Votre Jacques

La pancarte rouge

Arrêté le 29 septembre 1942 à Lyon, l'ancien professeur de philosophie et journaliste Gaston Charon, alias Jean Nocher, est entré en résistance dès 1940. Fondateur à Saint-Étienne du journal clandestin « Espoir », premier responsable des Mouvements unis de résistance (MUR) de la Loire, il est placé quinze mois à l'isolement dans la prison Saint-Paul puis au fort Montluc. Enfermé à la prison Saint-Paul, Jean Nocher est condamné à mort. On accroche à sa porte une pancarte rouge : « Individu très dangereux À surveiller jour et nuit Toutes les demi-heures À raser dans sa cellule à la tondeuse Ne doit voir personne À conduire seul dans la cour. »

Les nouvelles sont de plus en plus mauvaises pour nous : on annonce l'occupation administrative de Lyon. Nous serons livrés aux nazis. Le moral de quelques copains baisse un peu. Les plaisanteries sur les fusillades deviennent d'un goût douteux. Tous les matins, Murat me dit : « Tu auras droit à un nom de rue… » Mais tout le monde tient le coup, et je n'aurais pas cru qu'il fût si facile de s'habituer à certaines pensées tragiques. J'ai parfois l'impression d'être réchauffé par une grande joie intérieure : le sentiment d'être resté pur et vrai, de n'avoir rien à me reprocher, de n'avoir pas à rougir comme tant de lâches, tant de larves. On s'habitue à la souffrance comme à l'héroïsme. Il n'y a qu'une pensée qui m'attriste affreusement : ne pas voir grandir mes fils, et songer : quels hommes seront-ils ? Les premiers temps, quand je regardais leur photo et celle de leur maman, j'avais les larmes aux yeux. Maintenant, chaque soir, je m'entraîne à les contempler avec un sourire très calme. C'est ma prière à moi.

27 mars 1943

J'ai attendu l'aube toute la nuit. Pourquoi m'avoir ainsi annoncé, une fois encore, la fusillade ? Pourquoi ce supplice inutile ? Je n'en peux plus. Qu'ils en finissent... Cette nuit, dans un pâle rayon de lune, j'entrevoyais ma ceinture de cuir qu'ils m'ont laissée. Il y a un clou assez haut dans le mur. Cette ceinture est devenue mon obsession. Le clou. La ceinture. En finir... Finalement, j'ai eu peur de céder. Je me suis levé (je me tiens difficilement debout) et j'ai été cacher la ceinture sous ma paillasse.

Demain, mon fils aîné aura sept ans. Le cadet vient d'avoir cinq ans. Me fusilleront-ils pour cet anniversaire ? Je deviens stupidement superstitieux. J'ai lutté toute la nuit pour sortir de cet état de demi-sommeil où la volonté, annihilée, laisse courir les fantômes. Pour me désenliser du silence, de cette solitude, je parlais à mi-voix. Les mêmes mots revenaient toujours : « mes amours »...

Jean NOCHER
Journal de prison.
Geôles de la liberté

Le résistant torturé

Marianne d'Auriol a 39 ans en 1943. Elle a deux enfants et vit à Rochefort-du-Gard à proximité d'Avignon. Elle appartient à la petite noblesse de province et le domaine de sa famille produit des olives et du vin…

Sur le quai de la gare, la foule, morne et silencieuse, attend le moment où, rendue à ses instincts primitifs, elle pourra se ruer, de toute sa force aveugle, à l'assaut du train bondé. Monter, quoi qu'il en coûte au prochain ou à soi-même. Forcer l'impossible barrage humain, chacun ne songe qu'à cela. Quel changement en quelques mois ! De jovial, le Méridional est devenu taciturne ; de gai, le voilà triste aujourd'hui. D'affable, il est menaçant, l'œil mauvais. Les traits tirés accusent une grande lassitude, la faim. Les vêtements, les chaussures surtout, donnent des signes d'usure évidents. On commence à voir poindre la misère, partout. Soudain, la foule s'écarte. Un gendarme passe, tenant en laisse, menottes aux mains, un homme très jeune : je le dévisage intensément. Je le reconnais, sans savoir son nom… Je l'ai vu, ici même, tenu en laisse déjà, par un gendarme. Quelle étrange coïncidence ! Je sais qu'il s'agit d'un « réfractaire », d'un de ces dangereux « terroristes », d'un « maquisard » ou de tout autre patriote résistant. Quel changement s'est opéré en lui, en quelques jours… Il était alors un peu crâneur, pas habitué certes à se voir menottes aux mains, aux côtés d'un gendarme ; tentant de prendre avec désinvolture cet état transitoire. L'attitude qu'il affichait faisait mal. On aurait voulu, par le regard compatissant, lui faire comprendre que les Français, ses frères, souffraient pour lui, avec lui. Mais enfin c'était encore un beau gaillard, en pleine santé, le jeune visage sans rides, presque serein. Aujourd'hui, cet homme est une loque ; des tics nerveux tiraillent ses traits ; il jette des regards éperdus de bête traquée, à droite, à gauche. Il flotte dans ses vêtements devenus trop vastes pour son corps amaigri. Ses pantalons font des poches au genou ; le col de sa veste est relevé et dissimule à peine l'absence de col mou. Plus de chemise, mais un chandail de débardeur qui le fait ressembler à un vagabond. C'est surtout le regard, oh ! Ce regard ! qui vous broie le cœur. Je n'ose pas penser à ce qu'il a dû subir, en trois semaines : prison, menaces, tortures, faim. Voilà le régime qui laisse des stigmates durables sur les traits les plus jeunes. Trois semaines pour démolir un homme solide ; pour le défigurer, le vieillir, l'avilir. Où le mène-t-on ? À la torture, à la mort ? Il va être fusillé le jour même : il a distribué des tracts demandant à la population la résistance contre les troupes de la Wehrmacht.

Marianne D'AURIOL, 1943

La république des maquis

La journée commence par le lever des couleurs. Chaque section, à l'exception des hommes de garde, se rassemble autour du mât où flottait un drapeau fait de toile de parachutes. Le chef, après avoir exalté l'un des sentiments qui doivent nous animer, donne des directives puis commande le « Présentez armes ! » Les hommes s'immobilisent comme s'offrant à l'emblème ; en chacun s'affermit une volonté plus tenace, tandis que le drapeau claque dans la bise matinale. Puis l'on se met à l'étude des armes et de leur judicieux emploi. L'instruction du tir aux différentes armes, les exercices de pointage, les concours sur cibles nous occupent longuement, car il faut absolument avoir de très bons tireurs. On continue par un peu de théorie et surtout beaucoup de pratique, pour apprendre toutes les choses essentielles au soldat et au soldat d'élite, genre commando, que tous doivent être en vue des actions futures. Enfin, au cours des patrouilles et embuscades, très souvent fructueuses, nos gars acquièrent le sens du terrain, le coup d'œil et la souplesse de manœuvre. Ces qualités doivent les sauver en grande partie, lorsque, sous une pression irrésistible, ils devront décrocher et traverser maints et maints barrages ennemis. Les cadres ne sont pas oubliés dans cette œuvre d'éducation militaire : leur formation et leur perfectionnement se font au cours de réunions fréquentes au P.C. du bataillon. Mais cet entraînement militaire prend place dans une vie difficile, qui cumule les servitudes de la caserne et les misères du maquis. Il n'est pas possible de le poursuivre tranquillement, comme on pouvait tout de même le faire auparavant dans nos camps de maquisards. Il faut en même temps trouver les moyens de vivre et se défendre contre l'ennemi qui assiège : le plus clair du temps se passe en corvées épuisantes, en courses sur l'immense plateau, en gardes trop longues parce qu'on n'est pas assez nombreux, en patrouilles, en embuscades, en coups de main et en alertes. Il n'y a pas une minute de répit dans cette vie que tout conspire à rendre difficile : les distances, le climat, l'ennemi acharné à nous nuire faute de pouvoir nous déloger. Les choses les plus simples demandent une somme d'efforts considérables.

Bermond
« La Résistance 1940-1945 »
Écho de la Résistance, n° 100, 1964

Histoires de cochons

Monsieur le Préfet,

Je, soussigné X, résidant à T.., commune de V..., certifie exacts les faits suivants que j'ai l'honneur de porter à votre connaissance : M. Balestre François, à T..., a un gros cochon à réquisitionner vu qu'il l'a engraissé pendant plusieurs mois. En plus, il a deux greniers remplis de grain qu'il n'a pas donné à la réquisition. Dubon, habitant également à T..., possède aussi un cochon gras bon à être réquisitionné. Balestre doit par ailleurs posséder de la farine. Quand Tannaud de T... a été pris, il s'est levé ainsi que sa femme la nuit suivante. Ils ont fait disparaître la farine, mais je crois qu'ils l'ont emmenée chez un nommé Bollan demeurant à La F... Balestre enfin a vendu le 25 janvier un tombereau de pommes de terre à 5 francs le kilo et deux cochons à 4 000 francs le quintal à M. Duchet. Vous pourriez envoyer des agents perquisitionner. M. Chanut a engraissé, lui aussi, deux cochons, je ne peux pas dire ce qu'il en a fait, mais il vend le lard au kilo à ceux qui passent. Il vend également des œufs à 40 francs la douzaine.

Il y a encore Bourgagnat qui a vendu un cochon au prix de 7 000 francs. Tous ces gens-là n'ont jusqu'à présent jamais fourni de cochons à la réquisition. Ils ont tout vendu au marché noir. Il n'y a que Terrasse et Tignol qui n'ont pas vendu ainsi.

Dans l'espoir que vous voudrez bien prendre ma lettre en considération, je vous prie de croire, Monsieur le Préfet, à mon grand respect.

X

Transmis à M. le Directeur du Service général du Contrôle économique pour enquête. Limoges, Pour le Préfet, Le secrétaire général.

La vengeance du milicien

On tombe sur une patrouille allemande qui se met en batterie sur nous. Aussitôt j'ai crié « Französische Miliz », ils ont compris. Je me suis expliqué avec leur sous-officier, qui s'est mis à ma disposition pour attaquer en ligne de bataille, je l'ai guidé et sur mes renseignements nous avons fouillé la campagne ; après avoir patrouillé, je lui ai dit que le type était caché dans les bois sans doute ; il m'a remercié et nous sommes partis chacun de notre côté. On est très estimés des Allemands et quand ils nous voient ils viennent tous nous serrer la main.

Dans la nuit d'avant-hier nous avons pris trois types. J'étais couché et on m'a fait lever à ce moment. On est partis à trois dans la nature et à un croisement de chemins on les a fait passer devant, on a armé nos mitraillettes et sans rien leur dire on leur a lâché des rafales dans le dos. Ils sont tombés sans faire « ouf » ; ensuite j'ai pris mon parabellum et je leur ai tiré une balle à chacun dans la tempe. J'étais content comme tout et c'est une petite vengeance bien minime à côté de ce qu'on leur doit.

Extrait de lettre de milicien saisie par la Résistance
Écho de la Résistance, n° 100, 1964

Avant de mourir pour la France

Beau-frère d'André Citroën, l'ingénieur Jacques Bingen rejoint Londres dès juillet 1940. Proche collaborateur de Jean Moulin, il devient le patron de la Résistance en France après les arrestations de Jean Moulin, de Pierre Brossolette et d'Émile Bollaert. Arrêté le 12 mai 1944, le lendemain du jour où il rédige cette lettre, il se suicide en avalant une pastille de cyanure pour ne pas livrer ses secrets.

J'écris ce soir ces quelques pages parce que pour la première fois, je me sens réellement menacé et qu'en tous cas, ces semaines à venir vont apporter sans doute au pays tout entier et certainement à nous, une grande, sanglante et, je l'espère, merveilleuse aventure. Que les miens, mes amis, sachent combien j'ai été prodigieusement heureux pendant ces huit derniers mois. Il n'y a pas un homme sur mille qui pendant huit jours de sa vie ait connu le bonheur inouï, le sentiment de plénitude que j'ai éprouvé en permanence depuis huit mois. Aucune souffrance ne pourra jamais retirer l'acquis de la joie de vivre que je viens d'éprouver si longtemps... Qu'au regret qu'ils pourraient éprouver de ma disparition, mes amis opposent dans leur souvenir la certitude du bonheur que j'ai connu.

J'ai foi que la France sera digne de ses grandes traditions dans les mois à venir : chaque homme est petit, presque toujours médiocre ; mais le militant renferme des trésors d'héroïsme et en équipe tous ces hommes courageux forment un puissant levain d'où peut sortir une France nouvelle, si Charles sait l'animer par le bon choix de ses amis et collaborateurs, par un amour humain de notre pauvre patrie.

Jacques BINGEN

Éradiquer le souvenir

Victor Coubash vit en Grèce à Thessalonique (Salonique). Il a perdu sa seconde épouse, Daisy Modiano, en 1938. Avant d'investir en juin 1943 le camp de Drancy, pivot de la déportation des juifs de France, l'officier SS Aloïs Brunner organise la déportation des juifs de Salonique dont le cimetière est détruit, les corps exhumés et les pierres tombales récupérées par les Allemands pour des travaux. Victor va vivre un cauchemar qu'il raconte à sa belle-fille Tania pour ne pas devenir fou…

Thessaloniki, le 5 avril

Ma bonne petite Tania chérie,

À chaque minute, partout et toujours je sens l'absence de Daisy. Mais aussi toujours et partout je sens qu'elle est auprès de moi. Tout de bonté, d'amour, de dévouement, de renoncement, de joie de vivre. Et la mort à 48 ans. Et comme si ce drame n'était pas assez affreux, la fatalité a voulu la poursuivre encore après sa mort. Après l'occupation de Salonique par les Allemands un certain M. Broïkas, ingénieur en chef de la Macédoine, a profité de leur présence (afin de leur plaire et aussi pour se rendre populaire) pour faire désaffecter au profit de la Ville l'énorme et très ancien cimetière juif situé non loin du centre. J'apprends un jour par hasard qu'on a commencé à démolir les tombes. Je cours chez le gouverneur et lui dis que, étant d'une part orthodoxe et d'autre part sujet français, j'interdisais absolument qu'on touche à la tombe de ma femme sans mon autorisation, cette tombe étant ma propriété à moi, sujet français et que si je n'avais pas satisfaction je porterais immédiatement plainte, par téléphone, au ministre de France. Le gouverneur, très ennuyé, a appelé Broïkas et dans l'auto du gouverneur nous avons été au cimetière. Il était temps car on commençait déjà à démolir le mur de la concession. L'ordre a été donné d'arrêter la démolition. Quelques jours après Broïkas est venu me dire que deux terrains pour de nouveaux cimetières ont été donnés à la Communauté juive et qu'il me priait d'y transporter le corps de tante D. dans un délai de quinze jours. J'y ai fait transporter aussitôt le corps de tante D. Sa tombe était seule, tache blanche au milieu des champs. C'était bien triste à voir, doublement triste je veux dire, cette tombe solitaire. Quand tous les juifs de Salonique ont été déportés en Pologne, le cimetière est resté sans gardien. Étant monté là-bas, j'ai trouvé le terrain labouré tout autour de la tombe et sous le marbre tombal un grand trou creusé. On n'a pas pu déplacer la stèle, le seul marbre du haut pesant 1 800 kilos, mais on espérait arriver jusqu'au cercueil en creusant par le côté. Tu te figures mon horreur ! J'ai acheté les services de l'employé de l'octroi dont la maisonnette se trouvait non loin afin qu'il surveille et renvoie quiconque s'approcherait de la tombe et m'en fus chez le Métropolite avec une dame de ses amis pour lui demander l'autorisation d'enterrer provisoirement tante D. dans un cimetière orthodoxe. Refus absolu. Refus aussi de la part du gardien du cimetière militaire serbe. En désespoir de cause j'ai été voir les Pères catholiques, administrateurs du cimetière catholique. Consulté par télégramme, l'archevêque d'Athènes à ma stupéfaction autorise à me concéder pour trois ans l'emplacement d'une tombe. J'ai fait donc transporter le corps. Mais dans quelles conditions affreuses ! Le cercueil étant pourri on a dû retirer le corps et ce corps après quatre ans n'étant pas encore décomposé ! Les pieds et les mains s'étaient détachés, mais le reste était demeuré presque entier, les moignons pointés vers le ciel, les cheveux étaient collés au crâne, la figure était décomposée, le ventre était démesurément gonflé. Et j'ai dû voir ça ! Pour traverser la ville il a fallu placer le corps dans un cercueil provisoire et à l'arrivée faire l'opération contraire. Le corps a été enseveli sans cercueil. J'espère qu'à présent la décomposition a fait son œuvre. En tout cas maintenant tante D. repose dans un vrai cimetière et sa tombe est très bien soignée par la gardienne. Malheureusement je n'ai pas pu faire transporter les marbres et c'est une tombe bien misérable : une toute petite plaque avec son nom. Après la guerre il faudra faire transporter ses cendres à Paris dans le caveau Lévy-Modiano au cimetière Montmartre.

Victor COUBASH, été 1943

Mourir en beauté

Dès 1940, à 18 ans, Gisèle Guillemot entre dans la Résistance et devient une véritable experte en sabotage. Arrêtée en mai 1943, Gisèle est jugée par le tribunal spécial de Lübeck et condamnée à mort. Classée « Nacht und Nebel » et déportée de prison en prison puis à Ravensbrück et enfin à Mauthausen, Gisèle sera libérée le 20 avril 1945.

Nous avons décidé de mourir en beauté. J'ai demandé à ma mère de glisser dans un colis un bâton de rouge à lèvres et du papier de soie pour faire des bigoudis. Elle s'est exécutée sans poser de questions. Deux ou trois fois par semaine nous roulons nos cheveux sur le papier pour être joliment coiffées. Ça marche si bien qu'une surveillante est venue nous demander le secret de nos coiffures impeccables. Comme elle est très gentille avec nous et nous apporte souvent des livres, nous le lui avons confié. Nous avons aussi de longues conversations sur des sujets divers et Edmone, plus cultivée que Françoise et moi, nous apprend beaucoup de choses. Qui pourrait croire que dans la journée nous occultons notre condamnation et faisons des projets d'avenir ? Au petit matin nous sommes éveillées, l'oreille tendue vers les rumeurs du couloir, le cœur affolé par le moindre bruit suspect. Nous évitons de nous regarder pour ne pas voir le reflet de notre terreur dans les yeux de l'autre. C'est très dur de devenir une héroïne et je ne suis pas trop sûre de réussir. Nous retrouvons notre calme en entendant le vacarme des chariots de café dans les coursives.

Le 14 août 1943, notre porte s'est ouverte à l'aube. Au garde-à-vous sous le vasistas, nous avons écouté l'officier lire gravement un texte auquel nous ne comprenions rien. L'interprète traduit : le recours en grâce avait été rejeté pour nous tous. Ce matin même les garçons seraient fusillés. Quatorze ! Le Führer dans sa grande bonté avait différé l'exécution des deux femmes qui iraient d'abord travailler en Allemagne.

Gisèle GUILLEMOT, juillet 1943
Elles… revenir

Le jardin des supplices

Arrêté le 10 décembre 1943 après deux ans de résistance acharnée, André Frossard est inculpé de neuf chefs d'accusation et interné au fort de Montluc à Lyon, dans la baraque aux juifs, dans cette « maison des otages » qui sert de réservoir destiné à occuper les nervis de la Gestapo et les SS des pelotons d'exécution.

La police allemande ne s'embarrasse pas des notions de culpabilité et d'innocence qui paralysent notre procédure. Elle est chargée d'assurer la sécurité de son armée. Elle ne connaît qu'un moyen pour y parvenir : la terreur. C'est un effet qu'on obtient aussi bien et même beaucoup mieux en fusillant des innocents qu'en exécutant des coupables. D'ailleurs, entre-temps, vous pouvez être victime d'un accident d'interrogatoire. Dans la baignoire d'eau glacée dans laquelle on plonge indifféremment ceux qui ne veulent pas parler et ceux qui n'ont rien à dire. C'était un supplice bien connu des Vénitiens du XVe siècle et l'une des rares contributions de l'esprit latin à la formation aryenne. On vous déshabille, on vous attache les poignets après les chevilles, et on vous suspend à un bâton. Ensuite, on vous immerge, en maintenant le bâton en travers de la baignoire. Ça devient un axe, autour duquel on vous fait tourner, en vous tirant par les cheveux. Il peut arriver, bien entendu, qu'on vous conduise à la syncope par des voies moins scientifiques, en vous basculant dans l'eau et en vous appuyant sur la tête jusqu'à ce qu'un relâchement de tous vos membres indique que vous avez perdu connaissance. Alors, on vous ranime à l'aide de quelques gifles, dont vous auriez mauvaise grâce à suspecter la bienveillance.

Après la baignoire, on vous ramène dans les bureaux. Ce n'est parfois que le recommencement des douleurs. Menottes aux mains, on vous suspend après une porte, ou bien on vous enfonce des épingles sous les ongles, ou encore on vous déculotte et on vous fesse avec des instruments variés, canne plombée, cravache ou nerf de bœuf, règle plate, fils de fer, matraque. Les femmes assistent souvent à ces exercices, et j'ai le regret de vous informer qu'elles y prennent plus de sauvage plaisir que les hommes, quand elles ne mettent pas elles-mêmes leurs blanches mains à la pâte. L'une d'elles me cognait le front contre le mur, pendant mon interrogatoire. On essaie ensuite sur vous divers moyens d'intimidation, dont les plus courants sont les coups de revolver dans le vide et la lettre d'adieux à votre épouse. Si l'on vous propose jamais d'écrire une dernière lettre à ceux qui vous sont chers, reprenez confiance (à moins que vous n'ayez été condamné par un tribunal). Soyez sûr que cette idée ne leur serait pas venue s'ils avaient réellement pris la décision de vous abattre. Enfin, si tout va bien, on vous fait signer une déclaration qui est, vous dit-on, un résumé de votre interrogatoire. Elle est rédigée en allemand, et on ne vous permet pas de la lire. Un Gestapo la traduit à haute voix, mais il vous raconte ce qu'il veut et vous signez ce qu'il lui plaît. Il est possible que vos négations soient devenues des affirmations, et vos dénégations des aveux, en tombant de votre bouche dans l'oreille distraite de l'interprète et sous les doigts malveillants du greffier. L'identité des contraires est une découverte de la philosophie allemande qui fait merveille dans la police.

André FROSSARD
La maison des otages : Montluc, 1944
Fort Montluc prison allemande

Un Noël de propagande

En novembre 1943, Rose, la maman de Michel, participe avec son fils au concours de la plus belle lettre organisé par le gouvernement de Pétain dans un souci de propagande : l'auteur de la plus belle lettre écrite à un STO ou à un « prisonnier transformé » pourra passer les fêtes de Noël avec son père... La lettre de Michel est primée pour la ville de Lyon, et Michel est invité à Paris avec ses parents pour un arbre de Noël. Bloqué provisoirement à la frontière, Henri, le père de Michel, ne rejoindra sa femme et son fils qu'à Lyon, après la fête parisienne, et profitera de cette permission inespérée pour ne jamais rentrer en Allemagne.

Octobre 1943

Mon petit papa

Quand tu es parti à la guerre j'étais un bébé maintenant je vais à l'école et j'essaie d'écrire tout seul, si j'étais encore plus grand je monterais dans un avion pour aller te chercher, j'ai tant besoin de toi mon petit papa, tu sais j'ai beaucoup, beaucoup de jouets cassés, maman me dit toujours « papa les réparera » tu pourras bien, dis ?...

Et puis le temps me dure que tu fasses marcher tes machines si grosses, tu me feras des petits outils, je veux t'aider comme un homme.

J'ai demandé au petit Jésus qu'il m'envoie mon papa en permission avec mes jouets de Noël, mais je suis tellement polisson que tu seras peut-être encore là-bas et je te dis « joyeux Noël quand même mon papa ».

Surtout si tu viens, n'oublie pas d'acheter une petite sœur pour les étrennes de maman, moi je n'ai pas de sous dans ma tirelire. Un gros baiser de ton petit garçon qui t'aime bien.

Michel EMERICH

Octobre 2008

Cher Papa,

Te souviens-tu de cette chanson « Petit Papa, c'est aujourd'hui ta fête, Maman m'a dit que tu n'étais pas là... » ? Je l'associe à l'automne 1943, et plus particulièrement à cette journée ou je m'appliquais à t'écrire une lettre, avec l'aide de Maman, pour répondre au grand concours organisé par le gouvernement de Vichy, à des fins de propagande. Tu étais alors prisonnier depuis de longues années, et comme tu avais été très malade au stalag, tu avais accepté, pour sauver ta peau, de travailler dans une ferme. À cette époque, moi, j'étais l'enfant chéri, le seul « homme » de Petit Clos, notre café, dorloté par toutes les femmes de la maison : Maman, mais aussi Mamie, Noëlle ma marraine, tante Louise, et tante Pauline et Jeanne qui venaient aider : j'avais six ans. Avec ce concours, Maman pensait qu'elle pourrait réaliser un rêve inespéré, nous réunir tous les trois pour Noël.

Je ne sais comment, par miracle, j'ai été l'un de deux lauréats lyonnais. Nous avons été invités à Paris. Dans le train les autres voyageurs du compartiment ont fait une drôle de tête lorsque Maman leur a raconté notre histoire. Je ne saurai jamais si c'est parce que nous avions répondu au concours ou parce que tu travaillais chez un paysan allemand. Arrivés à la gare de Lyon, après le couvre-feu, nous avons été guidés par un des voyageurs du compartiment, le seul qui n'avait pas fait la tête. Je pense qu'il avait « flashé » sur Maman. Elle avait vingt-huit ans, bien sûr, et elle était jolie. Arrivés à l'hôtel Lutétia, notre guide a été chassé par les soldats allemands. Il n'était pas content du tout. Notre chambre, la 501, était superbe, nous avons dormi dans le même lit. Je m'imaginais chevalier, protégeant une princesse. La journée du lendemain fut une suite de visites, Sacré-Cœur, Grand Palais, cirque d'Hiver, et se termina devant une montagne de jouets qui nous étaient offerts. Malheureusement, toi qui aurais dû être là, tu n'es jamais arrivé, alors que les autres enfants serraient leur père dans leurs bras. Nous sommes rentrés à Lyon le soir même, Maman a sangloté pendant tout le voyage. Le lendemain matin, très tôt, tu es arrivé au Petit Clos, et tu es monté dans notre chambre, avec tes vieilles godasses et ton pauvre manteau. Tu avais été bloqué à la frontière.

Et là, je m'en souviendrai toujours, tu es entré tout habillé dans le lit de Maman, alors que moi j'étais dans mon petit lit juste à côté. Vous pensiez que je dormais. Je découvrais tout à coup, sans préparation aucune, que tu avais ce droit, qu'un homme que j'avais presque oublié, que je ne connaissais plus, avait comme ça le droit d'entrer dans le lit de ma mère. Ce jour-là c'est moi qui ai pleuré, en cachette. Je t'ai détesté, haï. J'avais déjà, sans doute, le sentiment inconscient d'un bonheur perdu à jamais, d'une petite enfance privilégiée qui se terminait, d'un univers de femmes qui s'évanouirait avec la fin de la guerre, et que je ne retrouverais plus.

En Savoie, où tu étais allé te cacher chez des amis, et où nous avions été te retrouver, je te donnais des coups de pied sous la table ; et dans la rivière des Husses j'avais hurlé au secours, croyant que tu voulais me noyer. Plus tard tu es revenu à Lyon, la vie a repris son cours, j'ai appris à te connaître, puis à t'aimer. Je ne t'ai cependant jamais confié le grand chagrin que tu avais provoqué sans le savoir ; j'ai compris que tu n'étais pas en cause. Ce fut la fin de mon enfance. À présent que toi et Maman êtes partis définitivement pour un monde meilleur, j'ai voulu te le dire, voilà. L'histoire de ce concours et ses conséquences m'avaient fait découvrir le monde des adultes.

Michel EMERICH

Je trahirai demain

La famille allemande de Marianne Cohn fuit les persécutions nazies dès 1934. Elle s'exile en Espagne, puis en France. Marianne rejoint la Résistance, et exfiltre vers la Suisse des enfants juifs... Arrêtée le 31 mai 1944, alors qu'elle convoie vingt-huit enfants, elle refuse d'être libérée par la Résistance craignant une vengeance contre ses protégés. Elle est torturée et assassinée début juillet 1944 par la Gestapo. Un an auparavant, au cours d'une première incarcération de trois mois à Nice, elle rédige ce poème.

Je trahirai demain, pas aujourd'hui.
Aujourd'hui, arrachez-moi les ongles
Je ne trahirai pas !
Vous ne savez pas le bout de mon courage.
Moi, je sais.
Vous êtes cinq mains dures avec des bagues.
Vous avez aux pieds des chaussures avec des clous.
Je trahirai demain. Pas aujourd'hui,
Demain.
Il me faut la nuit pour me résoudre.
Il ne me faut pas moins d'une nuit
Pour renier, pour abjurer, pour trahir.
Pour renier mes amis,
Pour abjurer le pain et le vin,
Pour trahir la vie,
Pour mourir.
Je trahirai demain. Pas aujourd'hui.
La lime est sous le carreau,
La lime n'est pas pour le bourreau,
La lime n'est pas pour le barreau,
La lime est pour mon poignet.
Aujourd'hui, je n'ai rien à dire.
Je trahirai demain.

Marianne COHN
Poème écrit en cellule en novembre 1943

6

Le chemin de la liberté 1944-1945

En 1944, la France s'enfonce dans la guerre civile. Le 26 mars, les Allemands, suppléés par les miliciens, lancent l'assaut contre le maquis des Glières, en Haute-Savoie. Son chef, le lieutenant Tom Morel, vient d'être abattu, trahi par un officier de Vichy. Après le 6 juin, jour J du débarquement anglo-américain en Normandie, la progression des armées alliées est ralentie dans le bocage normand. Quatre jours plus tard, remontant vers le front de Normandie, une unité SS massacre six cent quarante-deux civils et incendie Oradour-sur-Glane. Mobilisé depuis le 6 juin et érigé en « forteresse », le maquis du plateau du Vercors est attaqué, les 20 et 21 juillet, par les Allemands utilisant des planeurs. Ils massacrent six cent quarante combattants et deux cent un civils, achevant les blessés au cours de terribles représailles. Tandis que l'armée française débarque en Provence le 15 août, les Alliés mettent près de trois mois pour atteindre Paris qui s'est soulevé et où le général de Gaulle triomphe le 26 août.

En 1945, le ministère des Prisonniers et Déportés d'Henri Frenay organise le rapatriement de près d'un million de prisonniers de guerre détenus dans les stalags, les oflags, camps pour officiers, ou dans les entreprises et fermes allemandes. S'y ajoutent les déportés, appelés les « absents », dont les familles attendent le retour en se rendant, des semaines et des mois durant, dans le centre d'accueil de l'hôtel parisien Lutétia. Parmi eux, les résistants, otages et droits communs constituent 95 % des rescapés de la déportation. Sur soixante-trois mille, plus de la moitié ont survécu et le sort des « déportés résistants » bouleverse l'opinion, tandis que le camp de concentration de Buchenwald en Allemagne devient l'emblème de leur souffrance. Il n'en va pas de même des juifs. Bien qu'ayant constitué 54 % des déportés de France, seulement 3 % des 75 721 juifs déportés ont survécu.

*

* *

Tragique anniversaire

Michèle a 5 ans. Après avoir été torturé une semaine dans les locaux de la Gestapo à Grenoble, son père est envoyé à Drancy, puis déporté dans différents camps, dont celui de Mauthausen. Il sera libéré en mai 1945 ne pesant que trente-six kilos…

J'ai cinq ans aujourd'hui. Il fait un froid sec mais le ciel est bleu. Sur mon petit vélo à quatre roues, je parcours les allées du jardin de la maison familiale. Il est treize heures, j'ai un peu faim. Je n'irai pas pourtant demander à maman de passer à table car nous attendons papa qui doit apporter mon cadeau. Je suis heureuse et impatiente à la fois, je sais qu'un gâteau et cinq bougies m'attendent. Je n'appuie que très peu sur les pédales de mon vélo qui grince, pour avoir juste le temps de faire un tour de jardin avant son retour. De temps à autre, ma mère ouvre la fenêtre pour s'assurer de ma présence. Je vois se pencher sa silhouette alourdie, elle attend celui qui sera mon frère dans trois mois.

Tout à coup, une Traction-Avant noire s'arrête devant la maison. Quatre hommes en sortent rapidement. Deux sont vêtus de gabardines grises et portent des chapeaux mous, les deux autres ont des mitraillettes accrochées à l'épaule. Ils sont déjà dans le jardin quand ma mère, de la fenêtre ouverte, me dit d'une voix douce mais ferme : « Va chez ta grand-mère et reste là-bas. » Les hommes ont très vite gravi les escaliers et franchi le seuil de la maison. Je ne demande pas mon reste. Je dois avoir saisi la gravité de la situation. Je pédale, à toute vitesse cette fois, jusqu'à la maison de ma grand-mère, située à 50 mètres de la nôtre. Ma tante, en écoutant mon récit, se met à pleurer puis à crier. Ma grand-mère, très calme, nous ordonne de nous allonger dans le jardin, près du mur de clôture, les yeux rivés sur la maison où ma mère est enfermée avec les hommes. Elle sait les risques que court ma mère. Ils peuvent mettre le feu, emmener ma mère ou la « descendre ».

Quelques heures plus tard, elle nous dira comment ils ont fracturé les tiroirs du bureau de mon père, à la recherche de documents concernant le maquis du Vercors, la Résistance. Documents qu'elle avait eu le temps d'enfermer dans une boîte en fer placée dans le foyer de la cuisinière. Elle nous dira aussi qu'ils avaient fouillé tous les placards, retourné les armoires, avant de lui annoncer en partant que mon père avait été dénoncé et emmené par la Gestapo. Ils avaient ajouté qu'ils la laissaient en vie parce qu'elle était enceinte. Elle nous précisera par la suite que lorsqu'ils montaient sur une chaise pour atteindre un placard en hauteur, ils lui réclamaient, comble de la dérision, un journal pour ne pas salir la chaise !

Michèle FAURE-CARREL
4 février 1944

Malgré-nous

Au sortir de la Première Guerre mondiale, Maurice Barrès désigne les incorporés de 1914 dans l'armée allemande par l'expression les « Malgré-nous ». Vingt ans plus tard, cent trente mille de leurs fils, soumis à un service militaire obligatoire dans l'armée allemande à partir du 19 août 1942 en Moselle et du 28 août en Alsace, reprennent l'expression. Certains, comme André Simon, ont été mobilisés sous l'uniforme français avant la défaite de 1940... En février 1944, le « Malgré-nous » André Simon se bat en Italie à trente kilomètres au nord de Rome contre les Anglais. Il lui reste un mois à vivre...

Le 22 février 1944

Ma chérie,

Hier matin, les « Tommies » ont planté leurs bombes entre nos positions. Il paraît que le Regimentskommandant et deux officiers de son état-major ont été tués. C'est un sacré merdier : les « Tommies » ont la maîtrise du ciel et emploient beaucoup d'armes lourdes. Pourtant, j'ai été étonné de voir avec quelles vieilles armes l'infanterie anglaise était équipée, car là où nous sommes il y avait auparavant des « Tommies » qui ont abandonné leurs morts avec leur équipement : des fusils et des F.-M. qui ont certainement déjà fait l'autre guerre. Il est vrai que l'aviation, et l'artillerie jouent un rôle plus important que l'infanterie. La nôtre devrait avoir atteint les objectifs prévus, mais comme tout est miné, les chars n'ont pas encore pu intervenir. Le plus « intéressant » c'est la nuit, quand la flak anglaise tire : alors montent à l'horizon de façon incessante une multitude de boules rouges qui dessinent un éventail sur le ciel et qui explosent, formant en hauteur des lueurs blanches. De même quand les bombardiers lancent leurs fusées éclairantes rouges sur les objectifs. Le firmament est alors éclairé comme en plein jour. Cela me rappelle le feu d'artifice du 14 Juillet à Huningue (mais seulement en ce qui concerne les fusées éclairantes, car pour le reste...).

Voilà à peu près de quoi ça a l'air ici, dans la beauté du Sud, où l'Humanité se déchire. Quant à moi, je me suis bien endurci et garde mon sang-froid. Pour se calmer, rien de tel qu'une cigarette : j'en fume six par jour. D'ailleurs nous avons droit à des « extras » : samedi il y a eu une distribution de 150 g de beurre et à peu près 300 à 400 g de salami par homme.

André SIMON

L'évasion...

Résistants communistes, France et Lucien Hamelin sont arrêtés en août 1943 à Paris. Lucien est déporté à Buchenwald tandis que France est internée, enceinte, à la Petite Roquette puis aux Tourelles. Elle accouche en avril 1944 et finit par réussir à s'échapper avec son bébé de l'hôpital où elle était enfermée, déguisée en infirmière !

Il ne reste plus qu'à m'habiller. La chemise et le manteau bleu de l'hôpital sont si amples que je peux parfaitement porter tous mes habits dessous à condition de bien tenir mon col fermé. Un seul ennui : la visite du docteur. Il passe plus tôt d'habitude. Et il se peut qu'il demande à voir mon sein... Le chariot grince dans le couloir avec son chargement de choux et de bière. Et voilà que le docteur arrive avec sa cour d'internes, de sages-femmes, d'infirmières ! Heureusement, il est pressé. Tout va très bien ! Personne n'est malade. Ouf !

Je ne peux pas manger. J'ai une boule dans la gorge. Michou piaille, il ne se doute de rien. Je ne devrai l'habiller qu'au tout dernier moment, parce que, lui, ça se verrait.

[...] C'est l'heure. Les « visites » commencent à partir, lentement. Je vais tout droit au berceau, soulève Michou et travaille à le vêtir. Travaille, c'est le mot. Chaque fois qu'il s'agit d'enfiler une manche, ses menottes s'accrochent à la laine. Impossible de la faire glisser, et je ne peux pourtant pas lui casser les doigts pour aller plus vite... Lui a essayé de crier, puis s'est tu, suffoqué de surprise. Marcel me sert de paravent et répète : « Ne t'énerve pas, ne t'énerve pas, prends ton temps, là... » Mais moi je m'énerve, parce que j'entends les infirmières arriver pour prendre les poupons, un sous chaque bras, comme d'habitude. C'est l'heure de la pesée qui précède la tétée. L'heure, ou presque. Elles sont en avance, aujourd'hui. Enfin, ça y est. Je remonte les couvertures sur Michou tandis que de l'autre main je fais tomber chemise et manteau d'hôpital. Hop ! Sous le lit. J'attrape Michou, et en route ! Tout cela n'a demandé que très peu de temps. La salle est muette, tous les regards sont tournés vers nous. « Marche droit devant toi, ne t'occupe pas de ce qui se passe derrière. » J'obéis à Marcel. Je fonce. La cape est trop petite et Michel trop gros dans tous les lainages dont je l'ai affublé. Il ne peut pas passer inaperçu ! Tant pis ! Trop tard pour envisager autre chose. Je fonce... Je m'essouffle. Je cours. Mes jambes tremblent. Je cours. Vais-je tomber ? Il ne faut pas ! Et Michou ? Je cours. Mais il va falloir ralentir, ou je vais m'écrouler avec mon Mich'. Mes jambes ne me portent plus. Des pas derrière ! Des pas rapides. On court. J'essaie d'aller plus vite. Impossible. C'est Marcel... ou les autres ? Je ne peux pas me retourner. Qu'importe. Les jeux sont faits. Je cours... Une main m'agrippe. C'est Marcel. « Ma pauvre vieille, j'ai cru que tu allais te flanquer par terre... Va, le plus gros est fait. On va marcher rapidement, mais sans courir, vers la sortie. » Pourtant, moi, j'ai hâte. Je ne peux m'empêcher, j'ai hâte. Je bouscule quelques vieilles femmes qui encombrent le passage. Marcel les redresse à mesure et répand les excuses… Que c'est long ! Ah ! le porche… Ah ! dehors !

France HAMELIN
Femmes en prison dans la nuit noire de l'Occupation

La douceur de la Liberté

Ouvrier, étudiant, arménien, poète, communiste, militant, journaliste, FTP-MOI (Francs-tireurs et partisans-Main-d'œuvre d'origine immigrée), Missak Manouchian est un résistant de la première heure passé en 1943 dans la lutte armée. Arrêté par la police française en novembre 1943, il est livré à la Gestapo, torturé et exécuté le 21 février 1944 après avoir laissé à sa compagne Mélinée sa dernière lettre d'amour.

Mont-Valérien, le 19 février 1944

Ma Chère Mélinée, ma petite orpheline bien-aimée,

Dans quelques heures, je ne serai plus de ce monde. Nous allons être fusillés cet après-midi à 15 heures. Cela m'arrive comme un accident dans ma vie, je n'y crois pas mais pourtant je sais que je ne te verrai plus jamais.

Que puis-je t'écrire ? Tout est confus en moi et bien clair en même temps.

Je m'étais engagé dans l'Armée de libération en soldat volontaire et je meurs à deux doigts de la Victoire et du but. Bonheur à ceux qui vont nous survivre et goûter la douceur de la Liberté et de la Paix de demain. Je suis sûr que le peuple français et tous les combattants de la Liberté sauront honorer notre mémoire dignement. Au moment de mourir, je proclame que je n'ai aucune haine contre le peuple allemand et contre qui que ce soit, chacun aura ce qu'il méritera comme châtiment et comme récompense. Le peuple allemand et tous les autres peuples vivront en paix et en fraternité après la guerre qui ne durera plus longtemps. Bonheur à tous... J'ai un regret profond de ne t'avoir pas rendue heureuse, j'aurais bien voulu avoir un enfant de toi, comme tu le voulais toujours. Je te prie donc de te marier après la guerre, sans faute, et d'avoir un enfant pour mon bonheur, et pour accomplir ma dernière volonté, marie-toi avec quelqu'un qui puisse te rendre heureuse. Tous mes biens et toutes mes affaires je les lègue à toi, à ta sœur et à mes neveux. Après la guerre tu pourras faire valoir ton droit de pension de guerre en tant que ma femme, car je meurs en soldat régulier de l'armée française de la libération.

Avec l'aide des amis qui voudront bien m'honorer, tu feras éditer mes poèmes et mes écrits qui valent d'être lus. Tu apporteras mes souvenirs si possible à mes parents en Arménie. Je mourrai avec mes vingt-trois camarades tout à l'heure avec le courage et la sérénité d'un homme qui a la conscience bien tranquille, car personnellement, je n'ai fait de mal à personne et si je l'ai fait, je l'ai fait sans haine. Aujourd'hui, il y a du soleil. C'est en regardant le soleil et la belle nature que j'ai tant aimée que je dirai adieu à la vie et à vous tous, ma bien chère femme et mes bien chers amis. Je pardonne à tous ceux qui m'ont fait du mal ou qui ont voulu me faire du mal sauf à celui qui nous a trahis pour racheter sa peau et ceux qui nous ont vendus. Je t'embrasse bien fort ainsi que ta sœur et tous les amis qui me connaissent de loin ou de près, je vous serre tous sur mon cœur. Adieu. Ton ami, ton camarade, ton mari.

Manouchian Missak

P.-S. J'ai quinze mille francs dans la valise de la rue de Plaisance. Si tu peux les prendre, rends mes dettes et donne le reste à Armène. M. M.

La dernière lettre

Militaire de carrière, Maurice Popouneau favorise dès 1941 la désertion de soldats alsaciens-lorrains, enrôlés sous uniforme allemand pour leur permettre de rejoindre les Forces combattantes françaises et alliées. Il communique à Londres les plans de défense ennemis de la côte méditerranéenne du Grau-du-Roi. La Gestapo l'arrête le 8 octobre 1943. Condamné à mort, il est exécuté le 21 février 1944 malgré la grâce de Hitler. Son corps a été retrouvé dans le charnier de la Doua, identifié en 1945.

Prison Montluc, Lyon, le 21 février 1944
[jour de son exécution]

Ma petite femme bien-aimée
Ma fille bien-aimée
Mes parents bien-aimés

Ma petite Odette chérie, ma chère petite femme adorée, c'est à toi que je m'adresse particulièrement en cette heure délicate et pénible. Du courage, beaucoup de courage, ma bien-aimée, quand tu recevras cette lettre qui est la dernière, j'aurai cessé de vivre par conséquent de souffrir. Je vous repasse ma souffrance ; bien à contrecœur, bien sûr… Je subis la loi de la guerre. Je meurs pour avoir aimé fidèlement mon pays et je reste convaincu de l'avoir dignement servi. J'aurais voulu seulement vivre un peu plus longtemps, pour vous chérir autant que vous le méritez. Je suis néanmoins convaincu que je ne vous quitte pas et que je vous retrouverai un jour. À ce sujet, ma bien-aimée petite femme, je te demande, pour que vous puissiez un jour venir me retrouver, que tu fasses baptiser ma Josette chérie. Cette foi m'a été nécessaire pour vivre les cruelles heures que j'ai vécues depuis le 17 janvier 1944. Je n'ai rien d'autre à te demander. Je te confie aveuglément ma fille ma Josette bien-aimée et je n'ai qu'un désir c'est que tu en fasses une femme aussi digne que toi. Tu sais, mon amour, combien je l'aime ; tu le lui diras un jour, quand elle aura l'âge de le comprendre. Pour l'instant ne lui parle plus de son papa, elle est trop petite, elle ne se rappellera pas de moi. Veille sur papa et maman comme par le passé. Les moyens matériels dont tu disposeras seront suffisants pour assurer votre bien-être. De nombreuses personnes se présenteront à toi après la guerre ; j'ai tout mis en œuvre avant de mourir pour que vous ne manquiez de rien. Embrasse tout le monde pour moi encore une fois beaucoup de courage

Votre chéri qui vous aime

Votre Maurice

À toutes les deux mes bien-aimées

Message aux femmes de France

Lucie Aubrac a 31 ans. Le 21 juin 1943, Raymond Aubrac est arrêté avec Jean Moulin, puis emprisonné à la prison de Montluc de Lyon. Lucie monte une opération armée pour le libérer. Après cette évasion, Lucie enceinte, Raymond et leur fils Jean-Pierre parviennent à rejoindre Londres. Le 20 avril 1944, Lucie intervient sur les antennes de la BBC.

La guerre est l'affaire des hommes. Mais les Allemands, qui ont menacé des femmes et asphyxié des enfants, ont fait que cette guerre est aussi l'affaire des femmes. [...]

Notre foyer disloqué, nos enfants mal chaussés, mal vêtus, mal nourris ont fait de notre vie depuis 1940 une bataille de chaque instant contre les Allemands. Bataille pour les nôtres, certes, mais aussi bataille de solidarité de tous ceux qu'a durement touchés l'occupation nazie.

La grande solidarité des femmes de France : ce sont les petits enfants juifs et les petits enfants des patriotes sauvés des trains qui emmènent leurs parents vers les grands cimetières d'Allemagne et de Pologne ; ce sont dans les prisons et les camps de concentration en France les colis de vivres et de cigarettes, le linge nettoyé et raccommodé, qui apportent aux patriotes entassés derrière les murs un peu d'air civilisé et d'espoir ; ce sont les collectes de vêtements et de vivres qui permettent aux jeunes hommes de gagner le maquis ; ce sont les soins donnés à un garçon blessé dans un engagement avec les Allemands.

Et puis maintenant que tout le pays est un grand champ de bataille, les femmes de France assurent la relève des héros de la Résistance. Dans la Grande Armée sans uniforme du peuple français, la mobilisation des femmes les place à tous les échelons de la lutte : dactylos, messagères, agents de liaison, volontaires même dans les rangs des groupes francs et des francs-tireurs, patiemment, modestement, les femmes de France mènent le dur combat quotidien...

Lucie AUBRAC
20 avril 1944
Discours sur les ondes de la BBC

Bruz sous les bombes anglaises

7 mai 1944. Dimanche de communion dans le bourg de Bruz près de Rennes. Vers 23 heures, une alerte aérienne donne à penser que les Alliés viennent encore bombarder l'aérodrome qui héberge la chasse allemande. Malheureusement cette fois, les bombes au phosphore se trompent de cible. En vingt-cinq minutes, Bruz est rayé de la carte par des Lancaster anglais. Deux cents personnes, adultes et enfants, soit un quart des habitants, ne sortiront jamais des décombres calcinés du bourg… Ninette a 20 ans : depuis Pont-Péan, elle assiste au bombardement : dix jours plus tard, elle écrit ce qu'elle a vu à sa cousine Thérèse…

Ma chère Thérèse,

Nous venons de nous coucher quand les avions commencent à se faire entendre, puis des fusées. Nous nous levons aussitôt et attendons. Alors commence un tintamarre infernal (Bruz est à 2 km en ligne droite d'ici). Les fenêtres de la véranda s'ouvrent toutes seules ; nous descendons sur le perron. La maison est secouée de fond en comble. Cela dure 20 à 25 minutes : une vision d'enfer. Des bruits des bombes, de la DCA et surtout des avions. Chaque bombe déclenche une gerbe de feu et un incendie. Quand tout est fini nous remontons : Bruz flambe toute la nuit, le clocher de l'église illuminé comme par des projecteurs. À la maison rien de cassé sauf un morceau de plafond de véranda qui est tombé. Les maires de Saint-Erblon et des communes environnantes réveillent les hommes et tous partent à Bruz mais ne peuvent entrer dans le bourg car tout flambe. Le lendemain matin nous partons tous aux nouvelles d'amis et pour aider au déblaiement. En arrivant au bas de la côte du cimetière, alerte : les survivants de Bruz se sauvent comme des fous. Nous entrons d'abord dans le cimetière labouré de bombes : des morceaux de cercueil sur la route, des pierres tombales à 2 ou 300 mètres ; un corps dressé, un cadavre enterré depuis peu fait une masse sanguinolente et nauséabonde qui git au pied de la croix. Quelques tombes dont la nôtre restent intactes, ce sont les seules. Nous partons peu après ne pouvant supporter l'odeur. Bruz n'est plus qu'un amoncellement de ruines fumantes au milieu desquelles se trouve Mme Hégron méconnaissable de peur et d'émotion : on vient de les dégager, elle et son mari, au moment où le feu les atteignait. Son mari blessé au bras, aux jambes et à la tête est transporté d'urgence à Rennes. De leur maison nous ne dégageons que leur argenterie tordue, 1/4 de matelas brûlant, 2 couvertures, 2 coussins et des choses dérisoires (une tasse, une photo...). Dans toutes les maisons c'est la même chose ; naturellement il y a des pillards qui sont appréhendés. Je me rappellerai toute ma vie les blessés qu'on porte en ambulance, la minute de silence à chaque fois que l'on retire un mort, les cadavres qu'on porte en civière recouverts d'un drap, le sang bu par la poussière, les os calcinés qu'on ramasse dans des seaux, le feu qui couve partout, les pierres brûlantes qui, lorsqu'on les fait basculer par mégarde, découvrent le feu qui jaillit ; la chaleur étouffante, la poussière de phosphore qui nous prend à la gorge, qui pique les yeux. On a les lèvres en sang. On compte 200 morts sur 600 habitants et un grand nombre de blessés. Des familles entières sont anéanties. C'est le soir des fêtes de communion : on retrouve des morceaux de mousseline blanche, des brassards, des pieds, des mains...

Ninette

Survivre dans les camps

Raymond Bassignot a 22 ans en 1939. Décoré de la croix de guerre en mai 1940 dans la Somme, cet ancien séminariste devient cadre dirigeant dans les chantiers de jeunesse après la démobilisation. Entré dans la Résistance en 1942, il est arrêté le 4 janvier 1944 à Paris, torturé et déporté à Buchenwald puis à Mauthausen.

Mauthausen, printemps 1944

Voilà bien le résultat de la Quarantaine ! Quand on y entre, on est un homme, quand on en sort, on est une brute, un être qui ne pense plus, qui n'obéit plus qu'à ses instincts et à ses passions, un animal excité par la faim et les coups de trique ! Il m'est impossible d'exprimer les sentiments qui bouillonnent en moi quand je réfléchis à cette vie qui est actuellement la nôtre au bloc. Toute la journée n'est qu'un continuel supplice et j'entends par journée autant la nuit que le jour, quelquefois davantage encore que le jour ! Voici en effet dans quelles conditions on se repose : dans deux salles de 10-12 mètres de long sur 6 mètres de large, il faut coucher à 5 ou 600 voire même plus encore ! C'est impossible ! Non ! Tout est possible en quarantaine et le nerf de bœuf se charge de le faire comprendre aux plus récalcitrants ! Quand les paillasses sont étendues sur le plancher, nous entrons en file indienne, nos vêtements à la main. C'est le chef de bloc qui dirige les opérations ; schlague en main, il nous fait disposer en sardines, chacun ayant devant son nez les pieds de son voisin ! Mais les sardines, elles, sont encore moins serrées que nous ! Elles sont allongées sur le dos, alors que nous, nous devons nous étendre sur le côté et nous coller l'un contre l'autre sans laisser le moindre intervalle ! D'ailleurs, la sombre brute qui nous commande ne ménage pas les coups et chacun se fait aussi mince qu'il le peut pour ne pas trop les recevoir.

Quand les trois files sont placées, souvent il faut encore se serrer davantage car il arrive qu'il en reste une vingtaine à placer ! C'est alors que la schlague marche et se charge de faire de la place !

On nous donne ensuite les couvertures : une pour trois ! C'est-à-dire qu'il faut couvrir les pieds de vos voisins avec la même couverture qui vous protège la poitrine ! Chose impossible si vous ne voulez pas vous coucher la tête sous la couverture et dormir ainsi dans un étouffoir ! Et les disputes commencent, chacun traitant son voisin de tous les noms, dans sa propre langue ! Coups de poing, coups de genou, bourrades dans tous les coins de la salle on se bat... cela ne dure pas longtemps heureusement ! Le chef de bloc attiré par le chahut réapparaît avec la trique ou la schlague en assène une dizaine de coups sur le premier pauvre type qu'il voit remuer ou parler, ou sur une dizaine à la fois et tout le monde atterré se tait...

Chacun s'efforce alors de dormir, mais heureux sont ceux qui y parviennent, au bout d'une heure on se réveille déjà ! On étouffe de chaleur, on a les pieds écrasés par le dos du voisin qui prend ses aises ! On a mal au rein droit et on voudrait changer de côté, on sent son bras paralysé ou fatigué par le poids de la tête qui repose dessus, puis le genou du copain qui vous comprime le ventre parce qu'il s'est mis subitement en chien de fusil, ou bien on vient de recevoir un coup sur la tête ou sur la pointe des pieds, c'est un gars qui se fraye un passage entre les files pour essayer d'atteindre la porte et les W-C. Bref tout notre pauvre corps au lieu de se reposer est au supplice toute la nuit, à tel point qu'on est heureux d'entendre le « debout » dès cinq heures du matin !

Raymond

Ma chère petite fille

Olga Bancic rejoint dès 1940 l'organisation MOI des Francs-tireurs et partisans. Elle est chargée de l'assemblage des bombes et des explosifs et du convoiement des armes. Arrêtée le 6 novembre 1943, elle est condamnée à mort comme les autres membres du groupe Manouchian qui figurent sur l'Affiche rouge. Pendant son transfert à la prison de Stuttgart, Olga jette à travers une fenêtre une dernière lettre, adressée à sa fille Dolorès. La note jointe, adressée à la Croix-Rouge française, précise : « Chère Madame : Je vous demande, s'il vous plaît, de donner cette lettre à ma petite fille Dolorès Jacob après la guerre. Ceci est le dernier vœu d'une mère à qui il ne reste plus que douze heures à vivre. »

Olga a été décapitée à la hache le 10 mai 1944, le jour de ses 32 ans.

Ma chère petite fille, mon cher petit amour,

ta mère écrit sa dernière lettre, ma chère petite fille ; demain à 6 heures du matin, le 10 mai, je ne serai plus. Ne pleure pas, mon amour ; ta maman ne pleure plus non plus. Je meurs la conscience en paix et avec la ferme conviction que demain tu auras une vie et un futur plus heureux que ceux de ta maman. Tu n'auras plus à souffrir. Sois fière de ta maman, mon petit amour. J'ai toujours ton image devant moi. Je vais croire que tu reverras ton père, et j'ai l'espoir qu'il aura un sort différent du mien. Dis-lui que je n'ai jamais cessé de penser à lui, comme je n'ai jamais cessé de penser à toi. Je vous aime tous les deux de tout mon cœur. Vous m'êtes chers tous les deux.

Ma chère enfant, ton père est, pour toi, aussi une mère. Il t'aime beaucoup. Tu ne ressentiras pas le manque de ta maman. Ma chère enfant, je finis cette lettre avec l'espérance que tu seras heureuse toute ta vie, avec ton père, avec tout le monde. Je t'embrasse de tout mon cœur, beaucoup, beaucoup. Mon amour pour toujours,

Ta maman

En cas d'échec…

5 juin 1944 : Dwight David Eisenhower a 54 ans. Il dirige les opérations du débarquement de Normandie. Il est très nerveux. Le temps est désastreux. Quarante jours plus tôt, les grandes manœuvres de l'opération Tigre à Slapton Sands ont fait près de mille morts et plus de cinq cents blessés… La victoire n'est pas courue d'avance… Alors Ike rédige un projet de communiqué de presse à ne publier que le 6 juin au soir en cas d'échec, et se trompe en le datant du 6 juillet, tant il est fébrile et tant il voudrait se projeter un mois plus tard… pour savoir !

Notre débarquement dans la région de Cherbourg et du Havre ne nous ayant pas permis de nous implanter durablement en territoire hostile, j'ai dû prendre la décision d'ordonner la retraite des troupes engagées. Ma décision d'attaquer à cet endroit et à ce moment précis était soutenue par les meilleurs renseignements possibles. Les troupes, l'aviation et la marine ont fait tout ce que la bravoure et le sens du devoir leur permettaient d'accomplir. Je suis la seule et unique personne qui puisse être blâmée ou incriminée pour cette tentative malheureuse. J'en assume seul la responsabilité.

Général Dwight D. EISENHOWER

L'agent secret

Violette Szabo a 22 ans en 1943 : elle est de père anglais et de mère française. Son mari, Étienne Szabo, officier de la France libre, est tué lors de la bataille d'El-Alamein. Une petite fille naît de leur union en juin 1942. Violette est engagée par les services secrets britanniques (SOE) au printemps 1943. Lors de sa seconde mission, elle est capturée par les SS de la division Das Reich près de Limoges, le 7 juin 1944, au terme d'un combat au cours duquel elle couvre la fuite de ses compagnons Barriaud et Dufour. Torturée, violée par ses bourreaux, elle est déportée à Ravensbrück et assassinée d'une balle dans la nuque quelques jours avant la libération du camp sur l'ordre de Berlin en compagnie de deux autres agents du SOE : Lilian Rolfe et Denise Bloch.

Nous nous arrêtons dans le premier village que nous croisons sur notre route, La Croisille, pour y prendre au passage mon ami Barriaud qui doit repartir avec moi. Il s'installe à l'arrière de la voiture et je me mets au volant, Szabo assise à l'avant à ma droite. À l'approche du village de Salon, à la sortie d'un virage, nous arrivons à un carrefour. À moins de 50 mètres, la route est verrouillée par un barrage et par des soldats allemands qui nous ordonnent de nous arrêter.

Je sors mon bras par la fenêtre de la voiture, tout en ralentissant et juste avant de m'arrêter j'indique à Szabo qu'elle doit se préparer à sauter de la voiture et à courir. Je pile à moins de 25 mètres des sentinelles et je saute sur la route en tirant des rafales de mitraillette. Barriaud qui est désarmé s'enfuit tandis que Szabo se jette de son côté sur la route en ouvrant le feu. L'une des trois sentinelles est touchée. Les deux autres nous mitraillent copieusement. J'ordonne à Szabo d'essayer de rejoindre à travers champs l'abri d'un petit bois distant de moins de 400 mètres tout en la couvrant sous le feu de mon arme. Dès qu'elle atteint le champ de blé, elle se remet à tirer. J'en profite pour la rejoindre. Au départ tout va bien. Nous rampons à toute vitesse, dissimulés dans les blés mûrs, mais nous entendons soudainement le grondement caractéristique des automitrailleuses de la Wehrmacht qui se mettent à canarder le sillage que nous laissons dans les blés mûrs... Nous sommes obligés de continuer à progresser vers le bois en rampant à une allure d'escargot sous un feu déchaîné. Nous réalisons alors que des fantassins se jettent à notre poursuite dans le champ de blé pendant que d'autres automitrailleuses se rapprochent. Nous sommes alors obligés d'avancer et de tirer à tour de rôle, chacun couvrant l'autre pour ralentir nos poursuivants. À moins de 30 mètres de la lisière du bois, les vêtements de Szabo sont en lambeaux et ses jambes striées de multiples égratignures ruissellent de sang. Son entorse s'est réveillée. Elle m'indique qu'elle est épuisée et qu'elle ne pourra pas aller plus loin. Elle me demande d'essayer de m'échapper en soulignant que cela ne sert à rien de rester plus longtemps avec elle. Alors je continue à fuir pendant qu'elle me couvre par des rafales sporadiques et je me cache dans une meule de paille, située dans le verger d'une petite ferme. 30 minutes plus tard, incapable de marcher et à court de munitions, Szabo est capturée et les SS viennent fouiller la ferme où je me cache en essayant de lui faire dire où je suis. Depuis ma cachette, j'entends son rire ironique et sa réponse : « Vous pouvez toujours lui courir après, il doit être déjà bien loin... »

Jacques DUFOUR

La libération de Paris

France Koechlin a 28 ans. Son mari est un grand blessé du début de la guerre. Elle rentre à Paris pour le retrouver, avec ses deux enfants...

Le reste du trajet jusqu'à la porte de Pantin est véritablement un effort de plus en plus pénible, Philippe pleure et me fend le cœur et Thierry répète : « Je suis bien fatigué, Maman... »

Nous avons encore tout Paris à traverser avec d'autres émotions... Boulevard Jean-Jaurès, nous avons tout le temps d'apercevoir une voiture allemande disloquée, hors d'usage, des silhouettes affaissées à l'intérieur.

Plus loin, nous sommes croisés par d'énormes camions allemands roulant à vive allure ; sur le toit, couchés à plat ventre, trois hommes épaulant leur arme prêts à tirer ainsi que d'autres soldats sur le marchepied, revolver en main. À l'intérieur, des soldats. C'est terrifiant. Une auto les suit, remplie d'officiers et pour clore le tout une estafette en moto. Tous mènent un train d'enfer. Donc, ils ont peur et quittent Paris dans la plus grande hâte. On doit se battre.

Boulevard de la Villette, un homme en bicyclette me rattrape et me dit tout en roulant à côté de moi : « C'est imprudent, madame, de vous promener avec un enfant, c'est la guerre civile à Paris. On tire de partout. » Boulevard de la Chapelle. À peine y sommes-nous que nous ne nous sentons guère rassurés : sous les arcades du boulevard, sur les bancs, on voit d'étranges individus à l'allure suspecte, toute une pègre qui attend Dieu sait quelle occasion !

Foule sur les trottoirs, animation extraordinaire. Dans le creux des portes cochères, on peut voir des postes de Croix-Rouge improvisés. Des hommes et des femmes en blouse blanche s'affairent et partent en courant avec des brancards. Partout flotte une odeur d'éther... Nous continuons toujours de pédaler avec l'idée fixe d'arriver à bon port avec les enfants sains et saufs.

Soudain, des vociférations se font entendre sans que nous puissions comprendre ni voir ce qui se passe : mais le crépitement d'une mitrailleuse toute proche nous fait faire demi-tour et nous prenons la première petite rue qui s'offre à nous. Elle est déserte, mais les vitrines des magasins sont défoncées, il y a des éclats de verre partout sur le sol et nous craignons de crever. Un peu plus loin, nous apercevons les barricades et nous sommes saisis en constatant cette explosion après quatre ans de calme apparent, de la part des Parisiens. Partout, on entend des coups de feu ainsi que le bruit odieux des mitrailleuses. Il faut parvenir à quitter cet enfer...

Rue de Maubeuge, une infirmière brandissant un drapeau blanc à croix rouge nous oblige à nous arrêter ; elle traverse la rue suivie par deux infirmiers qui portent une civière. À dire vrai, nous sommes un peu perdus après avoir tant de fois pris des rues de traverse, certaines étant aux mains des résistants et d'autres, barrées par des chicanes qui défendaient des bâtiments encore occupés par les Allemands. Rue de Rochechouart je demande à un passant le meilleur chemin pour regagner Passy. Une foule s'agglomère aussitôt. Chacun donne son conseil ou son avis ; on nous dévisage car évidemment nous devons faire un drôle de cortège... Nous fiant à la chance, nous repartons par la rue Lamartine qui nous paraît la plus calme.

Toujours par des petites rues, consigne formelle de Bob, nous arrivons boulevard Haussmann. Derrière la chapelle Expiatoire, on peut juste à temps voir des chicanes allemandes. Nous prenons la rue d'Artois qui nous permet de rejoindre le boulevard Malesherbes.

Hélas, nous sommes en plein dans un nid d'Allemands. Chenillettes, casqués, l'arme au poing, ils tiennent ce coin-là. Sans doute ne sommes-nous pas intéressants pour eux, on nous laisse passer place Saint-Augustin, de nouveau boulevard Haussmann !

Enfin nous montons vers l'Étoile par l'avenue de Friedland. La montée paraît dure et interminable.

Nous n'apercevons plus d'Allemands, mais partout des jeunes gens en moto, portant des vestes kaki et des brassards blancs sur lesquels sont imprimés en grosses lettres : FFI. C'est la Résistance en liberté dans Paris. Place de l'Étoile, vision de voitures allemandes incendiées et abandonnées. Encore des débris de verre à éviter. L'avenue Victor-Hugo ne nous offre pas d'autres aventures, rue de la Pompe, rue de Passy et enfin la rue Jean-Bologne où nous pouvons descendre de nos bicyclettes !

Philippe saute sur le trottoir en pleurant de souffrance tant la barre de métal lui a scié les fesses ; nous le consolons de notre mieux, bien soulagés d'être rentrés à bon port.

Passy nous semble très agité. Après avoir mis les enfants au calme dans leur chambre et les provisions de côté (les lapins encore vivants !, dans la cave), nous repartons dans la rue voir un peu ce qui se passe.

Il y a beaucoup de monde dans les artères avoisinantes et tout ce monde se parle et lit les affiches dont un dernier message de Pétain. La mairie du 16e arbore un drapeau bleu, blanc et rouge, le marchand de journaux a épinglé une banderole aux couleurs françaises avec la mention « Libération » au-dessus ainsi que des croix de Lorraine.

On croit rêver ! Est-ce vrai, est-ce possible que cette libération soit réelle sans avoir à craindre le retour de ces occupants en vert-de-gris ? Peu à peu, les journaux reparaissent : *Ce Soir, L'Humanité* ; les communistes tentent de s'imposer partout.

France KOECHLIN

Martyrs en Vercors

Août 1944

Tout n'est que deuil, ruines, désolation qu'accentue encore le vol des corbeaux déchiquetant les corps des suppliciés en pleine décomposition. Ces cadavres sont restés trois semaines sous le soleil ardent de l'été. L'air est lourd, pesant, nauséabond et répand sa puanteur à plusieurs kilomètres de Vassieux. Voilà les traces de la barbarie, du carnage, voilà ce que découvrent les yeux épouvantés d'une gamine de dix ans : image indescriptible que rien ne pourra effacer jamais du souvenir des Vassivains de retour dans leur village, images que garderont impérissables les regards effrayés des enfants. On ne dira jamais assez avec quelle cruauté les Mongols ont exterminé la population et détruit les villages du Vercors. Une lettre trouvée dans la poche d'un Allemand en est le témoignage irréfutable ; ce soldat écrit à ses parents :

« Je veux vous donner à nouveau un signe de vie de moi. Comment allez-vous, mes chers ; bien j'espère, ce qui est aussi mon cas... Durant l'engagement contre le Vercors il y a eu des heures horribles. Comme ces gens que nous avons éliminés, sauvagement. Nous avons totalement exterminé un hôpital de partisans avec médecins et infirmières. Il y en avait 40. Des blessés ont été sortis çà et là et abattus avec des pistolets-mitrailleurs. C'était peut-être atroce, mais ces chiens ne méritaient pas autre chose. Et dans un village on a engagé deux compagnies d'Allemands et une compa-

gnie de Russes. Ceux-là ont peut-être tout rasé. Hommes, femmes, enfants ont été abattus. Ah ! la la, je pourrais vous en écrire là-dessus, l'injustice, oui, c'est là la guerre. Nous avons marché tous les jours du matin jusqu'au soir, mais il ne vit plus une souris là où nous sommes passés. On n'y voit plus une maison qui soit entière. Le bétail et les chevaux errent dans la région. Quand j'ai quitté ma section, nous avons encore amené trois juments avec poulains. Mon cher père, c'était des juments bien meilleures que la nôtre. Je n'ai fait que penser : si seulement je pouvais vous les envoyer à la maison… »

Notre maison est debout, tout autour cinq planeurs calcinés, des cadavres de maquisards, de Vassivains achèvent de se décomposer. L'intérieur occupé par le maquis et par l'ennemi n'offre que désordre, saleté, misère. Comment oser y pénétrer ? Nous craignons qu'elle ne soit minée. La vieille horloge git sur le plancher, elle a cessé de vivre à midi, ses aiguilles bloquées marquent l'heure de sa mort. Tous les objets ont été détruits, les meubles saccagés. Étaient-ils drogués ou ivres ces SS hurlants au sortir de leurs planeurs et se ruant comme des bêtes sur le village et sur ceux qui y vivaient ?

Nous découvrons le corps de notre voisin M. Siméon Revol sur un tas de fumier, il est décapité, et nous devinons alors avec effroi le sort qui nous était réservé si nous n'avions pas fui. Voici à quelques mètres de notre école un horrible charnier. Plus tard j'apprendrai que des Villardiens gisent là et, parmi eux, le père d'une de mes amies, Ginette Peyronnard.

Lucette MARTIN DE LUCA
Rescapée de Vassieux-en-Vercors, souvenirs d'une fillette de dix ans
op. cit.

Nous sommes tous réunis…

Le 25 août 1944, pendant que Paris fête sa libération, Maillé est rayé des cartes par les troupes allemandes et cent vingt quatre personnes de 3 mois à 89 ans sont sauvagement assassinées. Roger Confolent, ancien officier, expert agricole à Maillé, perd neuf personnes de sa famille : son épouse, sa belle-mère et tous ses enfants.

Par une fatale coïncidence, ce matin-là, nous sommes tous réunis. Dès les premiers coups de feu, j'ai fait rentrer tout le monde. Je suis moi-même dans la cuisine de la maison d'habitation avec ma femme, Yves, René, Hélène, et les deux bonnes. Jehanne avec ses deux plus jeunes frères, Jean et Claude, est descendue à la cave où ils sont parfaitement à l'abri. L'aîné, Pierre, est absent, sans doute réfugié dans un immeuble voisin où il est allé travailler.

Tout à coup, vers 11 heures, René qui a l'ouïe fine et les a reconnus à leur pas, me dit : « Papa, voilà les Allemands. » En effet, on entend le portail de la cour s'ouvrir. Je réponds en me levant : « Bien, je vais voir, ne bougez pas. » Je n'ai pas eu le temps de sortir de la pièce que, comme un fou, un soldat fait irruption dans la cour et me tire une rafale de mitraillette. Manqué et croyant à une méprise, j'avance les bras levés et je crie : « Civil, Kamarad, civil ! » quand la brute épaule de nouveau et les coups crépitent. Juste à temps pour ne pas être atteint, je me jette brusquement à la renverse. Hélas, Yves bondit près de moi et, croyant être plus heureux : « Papa, tu n'as pas crié assez fort, il n'a pas compris », les bras levés de tous ses poumons, il crie : « Hier (ici) Civil, Kamarad, civil, civil !!! » Mais une rafale, deux rafales lui répondent et il s'écroule. L'assassin est maintenant dans la cuisine. Il décharge son arme dans toutes les directions, blessant

René mortellement d'une balle explosive au côté droit et Hélène à la cuisse.

Sur mon conseil, tout le monde se laisse tomber et simule la mort. L'Allemand sort. La voix de René s'élève alors pour réciter l'acte de contrition. Tous, nous nous unissons à lui. Comme on ne voit plus personne, ma femme, indemne jusqu'ici, emmène Hélène dans la chambre à coucher d'à côté. Il n'y a qu'un pas à faire. Les deux bonnes, qui, placées dans une encoignure, n'ont pas été aperçues par l'assassin et doivent à ce fait leur salut, se réfugient dans l'escalier qui monte au premier étage. Ma femme avec Hélène suivent, quand un nouveau meurtrier surgit ; d'une balle en plein cœur il tue Hélène et blesse mortellement sa mère. Puis il jette une grenade incendiaire sur le lit, la recouvre d'un oreiller, passe dans la cuisine où il mitraille à son tour ceux qui sont tombés, mais ni René, ni moi-même ne sommes atteints par les coups. Sans doute, dans le même moment, à la cave, Jehanne et ses deux petits frères sont tués. Mon petit Claude est broyé par les projectiles. La pauvre grand-mère n'échappe pas au massacre et le feu est mis dans sa chambre. Le temps passe, les Allemands vont et viennent dans la cour. On sent que tout brûle. Avec René dans la cuisine, nous sommes à la merci des brutes qui passent.

Nous nous réfugions dans la chambre à coucher. J'y trouve ma femme qui agonise. C'est là que les deux bonnes viennent nous rejoindre. L'une d'elles, Valentine, a reçu une balle dans les reins. Elle a voulu se rendre compte de ce que sont devenus Mme Gambier, Jehanne et ses petits frères. Un Allemand l'a aperçue, poursuivie et a tiré à travers la porte à claire-voie de la cave. Elle s'est laissée tomber sur le cadavre de Jehanne et le soldat l'a crue morte. Elle nous rejoint dans la chambre. Nous y restons jusqu'à 14 heures. Mme Confolent est morte sans avoir repris connaissance. Des coups tirés de la rue secouent de temps en temps les volets et les balles s'écrasent contre le mur au-dessus du sol où nous sommes allongés. J'entends Mme Martin qui crie : « Ne tuez pas mon enfant ! » puis une salve arrête ses cris. Dans la cuisine, dans la salle à manger, les Allemands vont et viennent, remuent les meubles, les bouteilles, la vaisselle. Nous constatons qu'ils ont mangé et bu.

Roger CONFOLENT

La fin de l'innocence

Je vais avoir 20 ans. Et j'ai encore tant de questions sans réponses. La Libération est là à nos portes, et je l'ai tellement espérée. Mais j'ai remarqué que ce que l'on attend, quand ça arrive, n'est jamais tout à fait ce que l'on attendait. J'ai tellement attendu de réussir mon bachot ; il me semblait que c'était un but et que quand je l'aurais réussi je serais pleinement heureuse et, en réalité, ce n'est qu'une porte ouverte vers d'autres difficultés. Vers d'autres joies aussi, soyons juste. Par moments la joie de la Libération m'enivre et puis soudain j'ai le sentiment que je marche sur des cadavres.

J'espère que je saurai être heureuse, mais je ne serai plus jamais innocente.

Denise DOMENACH
Une jeune fille libre
op. cit.

Si je devais mourir à Ravensbrück

Simone Saint-Clair a 47 ans en 1943. Elle est devenue « Argence » dans le réseau Mithridate à Paris. Arrêtée en décembre 1943, elle a été déportée au camp de Ravensbrück où elle écrit un journal clandestin dont elle dissimule les feuillets dans son étui à lunettes.

Oh, vous mon Dieu qui nous avez appris que finir n'est pas lâche, c'est souvent que vous avez dû entendre ce pathétique appel venu du fond de notre cœur : « Faites que je ne meure pas ici ! Laissez-moi rentrer vers ma terre de France, y dormir du grand sommeil dans le sol de nos aïeux, auprès de ce que nous chérissons ! » « Faites que je ne meure pas dans ce cadre horrible, effrayant, parmi les étrangères dont pas une ne se penche vers vous pour recueillir votre dernière pensée. » Vous le savez : la plus grande indifférence, le plus simple mépris sont le lot des condamnées. Leurs voisines les plus proches, l'infirmière passagère désirent leur fin rapide. Elles ne se gênent pas pour le dire. L'agonie pas terminée, emportée au lavabo, jetée sur la dalle glacée, c'est là où l'on rend l'âme ! Seigneur que je ne meure pas ici ! Faites que je n'aille pas grossir le nombre de ces pauvres femmes empilées, nues, sur la charrette, à peine recouvertes d'une bâche, d'où les chairs pourrissantes exhalent l'odeur fade.

Simone SAINT-CLAIR
Ravensbrück, l'Enfer des femmes
© Tallandier, 1946

Le retour des déportés

Charlotte Delbo a 28 ans en 1941. Lorsqu'elle apprend la mort de l'un de ses compagnons décapité par les nazis, elle quitte ses fonctions de secrétaire de Louis Jouvet alors en tournée en Argentine et revient en France. Elle entre dans la Résistance avec son mari Georges Dudach. Arrêtée avec lui le 2 mars 1942, elle est déportée à Auschwitz en janvier 1943, huit mois après l'exécution de son mari. Libérée de Ravensbrück, elle rentre en France en juin 1945. Charlotte Delbo fait partie, avec Marie-Claude Vaillant-Couturier, des rescapées d'un des trois seuls convois de résistants, otages, droits communs dirigés, pour des raisons non élucidées à ce jour, vers les camps d'Auschwitz qui furent le lieu principal de la mise à mort des communautés juives d'Europe. Des deux cent trente femmes du convoi du 24 janvier 1943, quarante-neuf ont survécu.

Au voyage de retour, j'étais avec mes camarades, les survivantes d'entre mes camarades. Elles étaient assises près de moi dans l'avion et à mesure que le temps s'accélérait, elles devenaient diaphanes, de plus en plus diaphanes, perdaient couleur et forme. Tous les liens, toutes les lianes qui nous reliaient les unes aux autres se détendaient déjà. Seules leurs voix demeuraient et encore s'éloignaient-elles à mesure que Paris se rapprochait. Je les regardais se transformer sous mes yeux, devenir transparentes, devenir floues, devenir spectres. Je les entendais encore, je commençais à ne plus comprendre ce qu'elles disaient. À l'arrivée, je ne les reconnaissais plus. Dans la foule des gens qui nous attendaient, elles glissaient, disparaissaient, reprenaient apparence un instant, si impalpables, si irréelles, si fuyantes, que je doutais de mon existence propre. Elles ont joué ce jeu de feu follet pendant tout le temps où nous piétinions d'un bureau à l'autre, se perdaient, se retrouvaient, me retrouvaient, disaient des mots que je ne saisissais pas, s'évanouissaient encore et se fondaient enfin dans la foule des gens qui nous attendaient, englouties pour toujours dans cette foule. Elles avaient si bien perdu de leur réalité pendant le voyage au long duquel je les avais vues se métamorphoser de minute en minute, s'effacer lentement, imperceptiblement, inexorablement, devenir spectres, que je ne me suis pas aperçue tout de suite de leur disparition. Sans doute parce que j'étais aussi transparente, aussi irréelle, aussi fluide qu'elles. Je flottais au milieu de cette foule qui glissait tout autour de moi. Et soudain, je me suis sentie seule, seule au creux d'un vide où l'oxygène manquait, où je cherchais ma respiration, où je suffoquais. Où étaient-elles ? J'ai constaté leur disparition quand il était trop tard pour les appeler, trop tard pour courir à leur recherche – et comment courir dans cette foule glissante ? D'ailleurs la voix me manquait et mes jambes se paralysaient. Où étaient-elles ? Où êtes-vous, Lulu, Cécile, Viva ? Viva, pourquoi l'appeler maintenant ? Viva, où estu ? Non, tu n'étais pas dans l'avion avec nous. Si je confonds les mortes et les vivantes, avec lesquelles suisje, moi ? Il me fallait admettre — et c'était une conclusion très longue à formuler, et jusqu'à ce que j'y parvienne, j'étais prise dans une angoisse qui me laissait errante, glissante et flottante —, il me fallait admettre que je les avais perdues et que désormais je serais seule. Où chercher secours ? Rien ne viendrait à mon secours. Crier était inutile, crier à l'aide était inutile. Tous, dans la foule qui m'entourait, étaient prêts à m'aider, étaient là pour m'aider, mais ils se proposaient avec leurs moyens à eux dont je savais l'inutile. Les seuls êtres qui pouvaient m'aider étaient hors de portée. Nul ne pouvait les remplacer. Avec difficulté, par un grand effort de ma mémoire – mais pourquoi dire : effort de la mémoire, puisque je n'avais plus de mémoire ? – par un effort que je ne sais comment nommer, j'ai essayé de me souvenir des gestes qu'on doit faire pour reprendre la forme d'un vivant dans la vie. Marcher, parler, répondre aux questions, dire où l'on veut aller, y aller. J'avais oublié. L'avais-je jamais su ? Je ne voyais ni comment m'y prendre ni par où commencer.

Charlotte DELBO, rescapée d'Auschwitz,
Auschwitz et après (III), Mesure de nos jours

La première lettre

Marcel Cochet a 30 ans en 1943. Il suit son frère André dans les MUR, Mouvements unis de Résistance. Cet employé de mairie de Bourg-en-Bresse marié depuis 1941, père d'une petite fille de 2 ans, est dénoncé par un lycéen qui parle sous la torture. Après avoir fréquenté les geôles de Lyon, de Villeneuve-sur-Lot et de Compiègne, il est déporté à Dachau dans le commando Dallach avant d'y être libéré en mai 1945 par les Américains.

5 mai 1945

Petite Bilou chérie

Enfin ça y est le calvaire est terminé et nous pouvons reprendre contact ensemble par le courrier en attendant de pouvoir le reprendre directement par la parole et le physique. Ma Bilou chérie je sais que vous n'êtes pas encore revenus à la période d'avant-guerre au sujet de l'alimentation, habillement et autres. Je sais qu'il existe encore des cartes mais les rations sont plus fortes : tant mieux et vous pouvez vivre un peu plus aisément ; patience ma chérie un jour viendra où nous disposerons de tout ; un jour viendra surtout où nous pourrons continuer de nous aimer, où toutes les longues périodes de souffrances seront oubliées, car tu as certainement souffert moralement autant que j'ai pu souffrir physiquement pour sauver mon pays par ma modeste personne. J'ai mis tout de moi à son service, c'est fini, je suis usé : les coups, les privations, le travail forcé m'ont perdu, aussi maintenant d'autres achèveront le travail que nous avons entrepris ensemble. J'ai droit à un peu de repos. Il faut que je recherche mon esprit qui n'a pas travaillé normalement depuis le 16 juin 1943. Il faut que je soumette mon corps à une discipline physique lui permettant de reprendre un travail digne de faire vivre ma famille, ma femme, ma fille. Il faudra peut-être que je me procure un métier encore : à savoir si le mien existe toujours, mais je vais rentrer plein de volonté. Il faut que j'arrive à te rendre heureuse ainsi que Denyse notre poupée chérie qui n'a pas eu la joie de bien connaître son papa et dont le papa n'a pas eu la joie d'entendre les mots tendres d'un enfant qui commence à parler. Je ne sais pas si moi aussi je vais la reconnaître, cette enfant qui comme sa mère a occupé toutes mes nuits de tortures et de souffrances. Mais ne parlons plus de ce qui bientôt sera oublié de tous, sauf de ceux qui l'auront vécu bien entendu : ceux-là ne l'oublieront je crois de toute leur vie. Il faut voir maintenant les beaux jours de l'été proche que nous allons passer ensemble à Saint-Martin, ou enfin il me sera possible de manger un peu à ma faim du fromage blanc, boire du lait, manger un peu de pain blanc, un peu de viande, enfin manger normalement, manger deux œufs au plat avec un peu de crème, puis boire un bon chocolat fumant. C'est peut-être bien exigeant mais ce n'est pas impossible. Enfin on verra dès mon retour car je pense que d'ici une quinzaine je serai dans tes bras. J'aurais peut-être eu l'occasion de partir depuis notre libération par les Américains mais notre camp est infecté par le typhus et de ce fait, nous sommes consignés dans les blocs. De plus nous n'avons pour tout vêtements qu'un pantalon et une veste à rayures blancs ce qui nous donne un genre parisien, une chemise de toile, comme caleçon des culottes d'enfant ou de femme !! Pour les chaussures, là, c'est le bouquet : semelle genre bois avec toiles clouées dessus en remplacement du cuir, enfin tout ce qu'il faut pour éviter d'être à l'aise... J'espère ma petite Bilou chérie que tout le monde est en bonne santé dans nos familles. Et la rue Edgar-Quinet : qu'est-elle devenue ? et notre proprio ? Et le lycée ? Je sais que certains élèves ont sacrifié leur vie pour la bonne cause mais ils sont certainement vengés ou le seront bientôt. Bilou chérie il faut que prenne fin ma lettre car le courrier va partir et je ne voudrais pas que tu sois privée de ma toute première lettre. Au revoir ma chérie je t'aime, embrasse Denyse pour son papa, embrasse tout le monde pour moi quant à toi Bilou adorée mille baisers de ton Marcel.

Marcel COCHET

Nous revenons de bien loin

Toute la famille d'André Goupille déporté comme sa femme et ses quatre enfants revient en 1945 des camps de Neuengamme, Mathausen, Ravensbrück, Beendorf, Flossenburg et Flöha. En l'an 2000, André, Jeanne Goupille et leurs quatre enfants ont été nommés « Justes devant les Nations » par Yad Vashem.

De Jeanne Goupille à son mari. Suède 1945

Braas, le 12 mai 1945

Mon bien-aimé,

Je veux que ma première lettre soit pour toi et que tu la trouves pour t'accueillir si tu rentres le premier. Après tant de mois de séparation et de souffrance que te dire sinon que je t'aime comme il y a 22 ans et plus encore et que mon amour est plus que jamais toute ma vie. Je ne puis te dire combien j'ai espéré, combien j'ai pleuré, crié après toi de tout mon être mon Minet chéri : j'avais si peur de mourir sans te revoir, sans t'embrasser ; le bon Dieu ne l'a pas voulu heureusement. Je savais que tu priais pour moi et cela me donnait de l'espoir. Mais nous revenons de bien loin Minette et moi. Et quand le 2 mai (anniversaire de ma première communion !) nous avons eu le bonheur d'être remises à la Croix-Rouge danoise, nous étions à peu près mourantes toutes deux et nos compagnes ne nous donnaient plus que quelques jours à vivre. La joie de la liberté retrouvée et les soins si dévoués et si éclairés qui nous ont été prodigués aussitôt nous ont sauvées et nos forces reviennent de jour en jour. Nous n'avons plus qu'à espérer le rapatriement le plus tôt possible. Si je rentre, c'est, avec tes prières, à ta fille que tu le devras. La pauvre petite a été d'un dévouement filial qui a atteint le sacrifice ; et s'est occupée sans cesse de mon sort me trompant pour me faire manger son pain et les derniers jours, se traînant presque mourante pour aller au loin me chercher de l'eau que je n'avais plus la force d'aller chercher moi-même. Elle répétait sans cesse : « Que dira Papa si je ne te ramène pas ; et que je serai heureuse si je te sauve de pouvoir me dire que c'est à moi que tu le dois, toi qu'il aime tant. Je ne te dirai rien de plus de nous sinon que nous avons eu le bonheur d'une messe et de la communion le 7 mai. Mon amour, nous aussi nous avons tant prié et souffert pour toi et nos pauvres petits que je ne puis croire que le bon Dieu ne vous ait pas tous protégés comme nous ! Malgré cela avec quelle angoisse nous attendons de vos nouvelles. Que ce sera bon de vous retrouver, de « revivre » ensemble. Je n'ose y penser ; il semble que l'on n'aura pas la force de supporter la joie du retour ! J'ai reçu deux fois des cartes-lettres de toi de septembre et d'octobre :

mais je n'ai pu te répondre. Nous n'étions plus à Ravensbrück mais dans un autre bagne, Binsdorf, où il était interdit d'écrire. Je te quitte mais pour te retrouver bientôt j'espère, embrassant mille et mille fois de tout mon amour de toute ma tendresse de tout mon être qui est tout à toi comme autrefois et pour toujours mon Minet chéri.

Ton Jeannot

J'ai grandi

Mon cher petit papa

Bientôt je vais t'embrasser et te ramener maman. Ah ! Mon papa, je suis heureuse toutes nos souffrances seront oubliées dès que ma « petite fille » (c'est ton Jeannot) et moi nous aurons reçu de tes nouvelles et aussi des garçons, de grand-mère, des tantes, de Jacquot, de tous et toutes. J'ai hâte de rentrer en France, mon petit papa : j'espère bientôt. En attendant je t'embrasse de tout mon cœur ainsi que ceux qui sont autour de toi.

Élisabeth GOUPILLE

P.-S. : j'ai grandi…

Épilogue

Depuis la conférence de Casablanca de janvier 1943, Roosevelt et Churchill ont exigé la capitulation sans condition de l'Allemagne nazie. Après le suicide de Hitler dans son bunker de Berlin assiégé par l'Armée rouge, le 30 avril 1945, l'acte de reddition des armées allemandes de l'Ouest est signé le 7 mai à Reims, et le lendemain à Berlin, pour l'ensemble des armées du Reich, en présence des chefs militaires américain, soviétique, anglais et français. Aucun armistice et aucun traité de paix n'a jamais été conclu avec l'Allemagne nazie, régime criminel et génocidaire dont les principaux responsables sont jugés à Nuremberg au cours des mois suivants. En France, à l'image de l'Europe entière, l'ivresse de la victoire s'accompagne de l'« épuration sauvage » qui ignore parfois les décideurs, comme Touvier ou Papon, et se concentre sur la « piétaille » livrée à la vindicte des foules, femmes soupçonnées de « collaboration horizontale », tondues et malmenées, voisins dénoncés, mais également d'authentiques criminels, jugés par les cours martiales improvisées de la Résistance... avant que ne se mettent en place les tribunaux de l'épuration judiciaire. 80 % des huit mille à neuf mille exécutions sommaires se sont déroulées avant la Libération.

*
* *

La victoire

L'armistice est signé. Les cloches de toutes les églises carillonnent à toute volée. Le cœur des Français délivrés bat la chamade. Les habitants sortent les drapeaux tricolores fanés des placards et des greniers. Ils n'ont pas servi depuis cinq ans pour le 14 Juillet. Des bals populaires s'organisent sur les places débarrassées des tanks et des canons abandonnés par les nazis en déroute. Le matin à 7 h 45 lorsque je pars au collège les derniers danseurs échangent un baiser d'adieu. Les musiciens épuisés et ensommeillés rangent leurs instruments avant de se disperser. Les tréteaux restent sur place jusqu'au soir suivant emblème de la fête permanente. Alors les maquisards apparaissent au grand jour, parés de leur auréole, de leur courage, et de leurs prises de position contre l'ennemi. Tout Français, indépendamment de ses convictions exprimées six mois plus tôt, se déclare résistant, ou tout au moins gaulliste. Il y a malheureusement des règlements de comptes. Des gens qui ont fait « le mauvais choix » comme le dit un voisin. On arrête et on fusille des miliciens, on tond des femmes. Crimes d'idées ou de passion parfois ! Les citadins en veulent aux paysans que les restrictions ont peu touchés. Les paysans aux commerçants enrichis... Il semble qu'une fois l'ennemi commun parti, les dissensions dressent les Français les uns contre les autres. Les changements de régime troublent les âmes simples qui ne comprennent pas les renversements de valeurs.

Marie-Claire BARROT, mai 1945

Le vrai défi de l'après-guerre

Novembre 1941 – novembre 2008 : le visionnaire

À l'Université d'Oxford, le général de Gaulle est l'hôte du Cercle français. Son discours de 1941 prédit le vrai défi de l'après-guerre et du début du XXIe siècle !

Dans l'époque moderne, la transformation des conditions de la vie par la machine, l'agrégation croissante des masses et le gigantesque conformisme collectif qui en sont les conséquences battent en brèche les libertés de chacun. Dès lors que les humains se trouvent soumis, pour leur travail, leurs plaisirs, leurs pensées, leurs intérêts, à une sorte de rassemblement perpétuel, dès lors que leur logement, leurs habits, leur nourriture, sont progressivement amenés à des types identiques, dès lors que tous lisent en même temps la même chose dans les mêmes journaux, voient, d'un bout à l'autre du monde, passer sous leurs yeux les mêmes films, entendent simultanément les mêmes informations, les mêmes suggestions, la même musique, radiodiffusées, dès lors qu'aux mêmes heures, les mêmes moyens de transport mènent aux mêmes ateliers ou bureaux, aux mêmes restaurants ou cantines, aux mêmes terrains de sport ou salles de spectacle, aux mêmes buildings, blocks ou courts, pour y travailler, s'y nourrir, s'y distraire ou s'y reposer, des hommes et des femmes pareillement instruits, informés, pressés, préoccupés, vêtus, la personnalité propre à chacun, le quant-à-soi, le libre choix n'y trouvent plus du tout leur compte. Il se produit une sorte de mécanisation générale, dans laquelle, sans un grand effort de sauvegarde, l'individu ne peut manquer d'être écrasé.

Et d'autant plus que les masses, loin de répugner à une telle uniformisation, ne laissent pas, au contraire, d'y pousser et d'y prendre goût. Les hommes de mon âge sont nés depuis assez longtemps pour avoir vu se répandre, non point seulement l'obligation, mais encore la satisfaction de l'existence agglomérée.

Porter le même uniforme, marcher au pas, chanter en chœur, saluer d'un geste identique, s'émouvoir collectivement du spectacle que se donne à elle-même la foule dont on fait partie, cela tend à devenir une sorte de besoin chez nos contemporains. Or, c'est dans ces tendances nouvelles que les dictateurs ont cherché et trouvé le succès de leurs doctrines et de leurs rites. Assurément, ils ont réussi d'abord parmi les peuples qui, dans l'espoir de saisir la domination sur les autres, ont adopté d'enthousiasme l'organisation des termitières. Mais il ne faut pas se dissimuler que l'évolution elle-même offre à l'Ordre dit nouveau d'extraordinaires facilités et à ses champions de chroniques tentations.

Si complète que puisse être un jour la victoire des armées, des flottes, des escadrilles des nations démocratiques, si habile et prévoyante que se révèle ensuite leur politique vis-à-vis de ceux qu'elles auraient, cette fois encore, abattus, rien n'empêchera la menace de renaître plus redoutable que jamais, rien ne garantira la paix, rien ne sauvera l'ordre du monde, si le parti de la libération, au milieu de l'évolution imposée aux sociétés par le progrès mécanique moderne, ne parvient pas à construire un ordre tel que la liberté, la sécurité, la dignité de chacun y soient exaltées et garanties, au point de lui paraître plus désirables que n'importe quels avantages offerts par son effacement. On ne voit pas d'autre moyen d'assurer en définitive le triomphe de l'esprit sur la matière. Car, en dernier ressort, c'est bien de cela qu'il s'agit.

Charles DE GAULLE
25 novembre 1941

Remerciements

L'opération *Paroles de l'ombre* n'aurait pas été menée à bien sans le concours du *Nouvel Observateur* et de *Ouest France* qui ont relayé les appels aux Français, et sans l'aide précieuse de l'Association pour des études sur la Résistance intérieure (AERI), de la DMPA, du musée de la Résistance nationale de Champigny, du Musée de l'ordre de la Libération, du musée Jean-Moulin, du musée de la Résistance et de la Déportation de Besançon, des Archives départementales d'Indre-et-Loire et de la Fondation d'entreprise La Poste.

Que soient ici également chaleureusement remerciés pour leur précieux concours Laurent Beccaria, Jérôme Pecnard, Rachel Grunstein, Laurence Corona, Flossie Robinet, l'historien Michel Laffite, Andrée Dubois, Georges Fleury, Isabelle Pallot-Frossard ainsi que Luc Forlivesi, Guy Krivopissko, Xavier Aumage, Vladimir Trouplin, Christine Levisse-Touze et le Mémorial du maréchal Leclerc de Hauteclocque et de la Libération de Paris, Laurence Thibault, Jean-Marie Delabre, Laure Bougon, Fabrice Bourré, Marie-Claire Ruet, Sébastien Chevereau et la Maison du Souvenir de Maillé, Christian Léourier et la Direction de la mémoire, du patrimoine et des archives du ministère des Anciens Combattants (DMPA), Tania Szabo, Rosemary Rigby et le Violette Szabo Museum http://www.violette-szabo-museum.co.uk

Paroles de l'ombre est également et surtout le fruit de la confiance, de l'aide et de la compréhension qui furent celles de l'ensemble des divers contributeurs qui nous ont envoyé des milliers de lettres et de témoignages. L'ensemble des témoignages et des textes reçus sera versé au Musée de l'ordre de la Libération ; ils seront ainsi définitivement sauvés de l'oubli.

Bibliographie

AUROY, Berthe, *Jours de Guerre : ma vie sous l'Occupation*, Bayard, 2008.

BARTHAS, Louis, *Les carnets de guerre de Louis Barthas, tonnelier : 1914-1918*, Librairie Maspéro, La Découverte, 1978, 1997 et 2003.

BENOIST-LUCY, Chantal, *Novembre 1942. Sortie de l'abîme*, ARHIS, 1994.

BERNANOS, Georges, *Lettre aux Anglais*, Éditions de l'Arbre Canada et Atlantica Editora de Rio de Janeiro, 1942 ; Gallimard, 1946.

BERR, Hélène, *Journal*, Tallandier, 2008.

DELBO, Charlotte, *Auschwitz et après III, Mesure de nos jours*, Les Éditions de Minuit, 1971.

DOMENACH, Denise, *Une jeune fille libre*, Éditions Les Arènes, 2005.

FLEURY, Georges, *Les Français du jour J*, Grasset et Fasquelle, 1994.

FROSSARD, André, *La maison des otages. Fort Montluc, prison allemande*, Fayard, 1983.

GIONO, Jean, *Journal*, 26 novembre 1936, Éditions Gallimard, 1995.

GIRAUDOUX, Jean, *Pleins pouvoirs*, Gallimard, 1939.

GRIMM, Frédéric, *Hitler et la France*, Librairie Plon, 1938.

GROULT, Benoîte, *Journal à quatre mains*, Éditions Denoël, 2002.

GUIERRE, Maurice, *Marine Dunkerque*, Flammarion, 1942.

GUILLEMOT, Gisèle, *Elles… revenir*, Éditions Tirésias-AERI, 2006.

HAMELIN, France, *Femmes en prison dans la nuit noire de l'Occupation*, Éditions Tirésias-AERI, 2004.

MOULIN, Jean, *Premier combat*, Éditions de Minuit, 1965.

NOCHER, Jean, *Journal de prison. Geôles de la liberté*, Genève, Kundig, 1959.

NOVICK, Peter, *L'épuration française 1944-1949*, Balland, 1985.

OUDOT, Jeanne, *Les cahiers verts : journal de l'espérance (1939-1945)*, Éditions Guénolé, 1995.

PETERSEN, Lilo, *Les oubliées*, Éditions Jacob-Duvernet, 2007.

RUFFIN, Raymond, *Journal d'un J3*, Presses de la Cité, 1979.

SAINT-CLAIR, Simone, *Ravensbrück, l'Enfer des femmes*, Tallandier, 1946.

SAINT-EXUPÉRY, Antoine de, *Pilote de guerre*, Éditions Gallimard, 1942.

SUARÈS, André, *Vues sur l'Europe 1930-1933*, Grasset, 1939.

SZABO, Tania, *Young Brave and Beautiful*, Channel Island Publishing, 2007.

THIBAULT, Laurence, « Les jeunes et la Résistance », *Cahiers de la Résistance*, AERI, La Documentation française, 2007.

—, « Les femmes et la Résistance », *Cahiers de la Résistance*, AERI, La Documentation française, 2006.

WEIL, Simone, *Écrits historiques et politiques. L'Allemagne en attente*, Éditions Gallimard, « Quarto », 1999.

WERTH, Léon, *Déposition : Journal 1940-1944*, Éditions Viviane Hamy, 1992.

Table

L'Ordre nouveau
1940-1941

La révolte et la terreur
1941-1942

La répression
1943-1944

Le chemin de la liberté
1944-1945

Épilogue

Paroles de l'ombre existe également sous forme illustrée

Découvrez la vie des Français pendant la Seconde Guerre mondiale avec plus de 100 documents inédits : journaux intimes, carnets, correspondance, textes clandestins, tracts, lettres de dénonciation, journaux, propagande, lettres d'adieu…
Ces documents sont reproduits à l'identique dans le respect des originaux. Ils sont collés dans la page, glissés dans du papier cristal ou dans des encoches, à déplier, à feuilleter.
Manipuler soi-même des documents historiques, c'est plonger dans le passé tel qu'il a été vécu.
Un livre à lire et à découvrir en famille pour comprendre le quotidien des Français emportés dans la tourmente. Les légendes très précises apportent la rigueur de l'information. En fin d'ouvrage, un choix de cinquante textes inédits qui permettent de prolonger l'émotion des documents visuels.
Notre histoire, celle de nos parents et de nos grands-parents, à partager dans un album d'exception.

Librio

925

Composition Nord Compo
Achevé d'imprimer en Italie par Grafica Veneta
en septembre 2009 pour le compte de E.J.L.
87, quai Panhard-et-Levassor, 75013 Paris
Dépôt légal septembre 2009
EAN 9782290015520

Diffusion France et étranger : Flammarion